科学健身指导丛书

运动健身指南

国家体育总局　编

人民体育出版社

图书在版编目（CIP）数据

运动健身指南 / 国家体育总局编. -- 北京：人民体育出版社，2011（2024.2重印）

（科学健身指导丛书）

ISBN 978-7-5009-4161-3

Ⅰ. ①运… Ⅱ. ①国… Ⅲ. ①健身运动 – 指南 Ⅳ. ①G883-62

中国版本图书馆CIP数据核字(2011)第198636号

*

人民体育出版社出版发行

北京新华印刷有限公司印刷

新　华　书　店　经　销

*

787×960　16开本　10印张　156千字

2011年12月第1版　　2024年2月第9次印刷

印数：22,501—24,500册

*

ISBN 978-7-5009-4161-3

定价：51.00元

社址：北京市东城区体育馆路8号（天坛公园东门）

电话：67151482（发行部）　　邮编：100061

传真：67151483　　邮购：67118491

网址：www.psphpress.com

序

1995年6月20日，国务院颁布《全民健身计划纲要》，自此，我国的群众体育事业驶入了健康、快速的发展轨道，亲民、便民、利民的全民健身服务体系造福千家万户，广大人民群众以极大的热情投身全民健身行列，汇聚成汹涌澎湃的健身世纪潮。《纲要》实施十五年来，我国城乡居民的健身意识普遍增强，群众性体育健身活动广泛开展，国民体质状况逐步改善，具有中国特色的全民健身体系基本建成。特别是北京奥运会后，胡锦涛总书记提出了进一步推动我国由体育大国向体育强国迈进的宏伟目标，2009年国务院批准设立“全民健身日”并颁布施行《全民健身条例》，为进一步推进全民健身事业取得跨越式发展、努力建设体育强国奠定了基础。

为统筹规划新时期全民健身事业的发展蓝图，今年2月，国务院印发了《全民健身计划（2011—2015年）》，就“十二五”时期加快发展全民健身事业，使广大人民群众充分享受体育健身带来的快乐，强健身心，提升幸福指数，促进人的全面发展，丰富群众的精神文化生活提出了一系列的方针政策和措施。新周期的《全民健身计划》明确将“深入开展全民健身宣传教育”作为重要工作措施之一，提出要通过“播发公益广告、宣传片、宣传画，出版科普图书、音像制品，普及知识，提高公民科学健身素养”。为落实这一措施，在有关部门的共同努力下，这套凝聚众多专家学者心血、旨在推动大众科学健身的《科学健身指导丛书》于今天面世了。

实施全民健身计划，增强全民身体素质，是一项利国利民、功在当代、利在千秋的宏伟事业，工作千头万绪，手段多种多样，但归其根本，我们在倡导全民健身的过程中要牢牢把握两条原则：生命在于运动，运动要讲科学。

我们这里所指的运动，是人民群众日常生活中以增进身心健康为目的、以身体活动为主要手段的体育健身活动，也就是俗称的体育锻炼。从人体本身来讲，只有不断地运动，才能保持生命的活力，更好地创造物质和精神财富，推动人类社会不断向前发展。自古以来，人们就不断研究和探索体育锻炼对人自身发展的作用和意义，在奥林匹克运动的故乡希腊,奥林匹亚阿尔菲斯河岸的岩壁上至今还保留着古希腊人的一段格言：如果你想聪明，跑步吧！如果你想强壮，跑步吧！如果你想健康，跑步吧！中国早在黄帝时期，即以角觝、击剑、射御、蹴鞠、捶丸等体育活动来训练青年，而唐尧、虞舜、夏、商、周亦以拳术、投壶、剑术、弓矢、击壤等体育活动来强健国人体魄。可以说，从古至今，人类社会关于体育锻炼对人的身体、精神乃至对整个社会所产生积极作用的论述可谓汗牛充栋，现代社会更是将体育锻炼的综合价值和多元功能发挥得淋漓尽致。因此，我们在推广全民健身计划过程中，首先要号召广大人民群众积极参与健身、享受健身乐趣，体会生命在于运动的真正意义之所在。

在强调运动对于强健人类体魄具有重要作用的同时，我们还必须注重科学运动的重要性。每个人的性别、年龄、身体条件不同，健身项目、时间、运动量等也要因人而异，如果不尊重科学、不因人因地制宜，则健身效果不但不好，甚至会给身体带来伤害。随着现代科学技术特别是生理学、生物力学、营养学、医学、社会学等的发展，人们对体育锻炼的机理、功能和价值有了更清晰、更科学的认识，把这些认识用浅显易懂的语言表达出来，用于指导群众的体育健身活动是全民健身计划实施过程中的一项重要工作。本套丛书以全国群众体育现状调查、国民体质监测和国民健身指导系统等体育科研成果为基础，从健身机能评价出发，传授运动健身知识，使读者能够自主制订健身计划、身体力行，主动参与运动，进而达到增强体质和健康水平的目的，使运动健身成为生活中不可或缺的一部分。

丛书采取图文并茂、通俗易懂的形式进行编写，以满足群众增加科学健身知识，提高科学健身理念的需求，具有较强的科普性、实用性和通俗性，重在指导，便于操作，适用于不同人群在运动健身中作为参考。希望本套丛书的出版能为广大体育健身爱好者提供切实可行的健身指导，吸引更多的群众加入全民健身的行列，为增强全民族身体素质做出应有的贡献。

刘鹏

2011年8月8日

《科学健身指导丛书》编委会

《运动健身指南》编写人员名单

主　编

田　野　国家体育总局体育科学研究所

编　委

艾　华　北京大学运动医学研究所

江崇民　国家体育总局体育科学研究所

李可基　北京大学公共卫生学院

王　梅　国家体育总局体育科学研究所

王正珍　北京体育大学运动人体科学学院

周琴璐　北京市体育科学研究所

前　言

随着社会经济的发展，生活水平的提高，人们的生活方式也发生了明显变化，心脑血管等慢性非传染性疾病已成为人类健康的主要威胁。现代生活方式的改变，主要体现在体力活动不足和营养过剩等方面，这也是诱发慢性疾病的重要危险因素。因此，加强体育锻炼、增加体力活动是增强体质、预防疾病、提高健康水平的最积极有效的方法。

全民健身运动的广泛开展，使越来越多的城乡居民逐步体会到体育活动对提高健康水平的重要作用。人们的体育活动意识明显增强，参加体育活动的人数亦明显增多。最新的调查数据显示，我国经常参加体育锻炼的人口比例为28.2%。然而，我国居民参加体育锻炼的科学化程度还不高，大众健身运动中尚存在许多误区，运动健身科学知识有待进一步普及，运动健身的指导仍需不断加强。

我们针对大众运动健身的实际需要，以《第三次全国群众体育现状调查报告》《国民体质监测研究报告》和《中国国民运动健身科学指导系统研究与建立》等国家科技支撑项目的研究成果为依据，组织长期从事运动健身科学指导研究领域的专家编写了这本《运动健身指南》，以期通过科学的理念和方法指导我国居民的运动健身活动。

本书分为七章。第一章较系统全面地概述了体育锻炼对人体形态、机能和心态的良好影响，以及对预防和辅助治疗慢性疾病所产生的有效作用（北京大学公共卫生学院李可基教授撰写）；第二章向读者介绍了体育锻炼开始前的身体形态、机能测试与评价方法，重点介绍了包括心肺系统运动能力、肌肉力量、身体柔韧性、平衡能力、反应能力在内的运动能力测试与评价，并对运动过程中可能发生的运动风险进行科学评估（国家体育总局体育科学研究所田野教授、江崇民研究员，北京体育大学王正珍教授撰写）；第三章向读者详细介绍了如何选择运动方式、如何控制运动强度，以及每天如何安排运动时间和每周如何安排运动频度，以便使体育活动参与者科学地建立符合自身特点的运动健身方案（田野教授撰写）；第四章为青少年、成年人、老年人提供了运动健身方案模板，供不同年龄人群在运动健身的不同阶段使用（田野教授撰写）；第五章内容主要为运动健身的营养学知识，以及体育活动过程中的合理营养补充方法（北京大学运动医学研究所艾华教授撰写）；第六章则列举了运动中可能出现的运动伤害，分析了产生运动伤害的原因，提出了预防和应急处理运动伤害的方法（北京市体育科学研究所周琴璐研究员撰写）；在第七章中，我们重点介绍了运动健身的基本知识，回答了运动健身者常见的一些问题（国家体育总局体育科学研究所王梅研究员、田野教授撰写）。

本书以国内外最新研究成果为基础，系统概述了运动健身的基本知识，重点介绍了建立运动健身方案的实用方法，突出解决了大众运动健身的实际问题。文字简练、深入浅出、图文并茂，适用于不同年龄、不同年限的体育锻炼人群。同时，该书也是体育教师、体育社会指导员、运动健身俱乐部教练、运动康复师等的参考用书。

在本书编写过程中，洪平副研究员、李然同志参与了图片的策划、组织与拍摄工作，在此表示感谢。

希望《运动健身指南》一书的出版，能帮助广大群众认识到科学健身的重要意义，学习和掌握科学运动健身的方法，并在运动健身实践中发挥积极的科学指导作用。

田野

2011年8月

目录

第一章 运动健身与健康

体育锻炼作为一种健康、积极的生活方式在增强人民体质、提高人体健康水平中发挥着不可替代的作用。研究证实，科学的运动健身可以促进人体生长发育，提高人体机能水平；缓解心理压力，保持心情舒畅；降低心血管病、糖尿病等慢性病发生概率；延缓衰老过程，使人延年益寿。

第一节　运动对身体形态、机能的良好影响

运动可以全面提高人体的身体机能，使身体保持合适的体重，对心肺功能、运动系统、免疫功能和身体形态等产生良好影响。

运动有助于身心健康

一、运动对心肺功能的良好影响

心脏和血管所构成的血液循环系统是人的生命线，呼吸系统为循环系统提供氧气，是这个生命线不可缺少的组成部分。人类的死亡有40%～50%是因为这条生命线被切断所致。

（一）多运动——心脏更强壮

心脏是一个压力泵，为血液循环提供动力。血液循环为身体的各个器

官输送氧气和各种营养物质，维持它们的生命活动。

运动时，肌肉活动需要更多的氧气和能量物质，心脏通过加压提高血液的循环量。运动量大，心脏就需要更“努力”的工作，这对心脏是一种锻炼，长期锻炼的心脏更加强壮，每跳一下所泵出的血液更多，所以我们看到运动水平高的人平常安静时的心率较慢。

心脏有病的一个表现是泵血的能力不足，甚至对身体组织安静状态的供血需要都不能满足。经常锻炼，可以使心脏有一定的储备能力，即使在有病的状态下，仍旧能维持足够的供血能力，保证日常活动的基本需要。

（二）多运动——血管更粗、更有弹性

运动改善心肺功能

心脏血管和脑血管梗塞是最常见的死亡原因，梗塞常常是在血管已有狭窄的部位发生。

运动时，血管因具有弹性的特征而变粗，可以通过更多的血液以满足心脏搏动和肌肉收缩的需要。经常锻炼，可以使血管的弹性更好、变得更粗、输送血液的能力更强。

血管狭窄会随着年龄加重，即使是经常参加运动的人也避免不了。但是运动可以延缓这一狭窄过程的发展。同时运动可以使血管变得更粗、弹性更好，就更不容易发生梗塞。

（三）多运动——改善血脂

血脂异常是造成血管狭窄的重要原因，主要表现为血液低密度脂蛋白胆固醇含量升高、高密度脂蛋白胆固醇含量降低。运动通过消耗脂肪和降低体重，可以改善血液低密度和高密度脂蛋白的水平，有助于延缓血管狭窄的发展。

运动对血液中甘油三酯的水平影响较大，而血胆固醇的水平除运动外还受到遗传、体重和饮食等其他因素的影响，因此针对异常的血脂，控制饮食和体重也很重要，必要时，还应配合药物治疗。

（四）多运动——降低血压

高血压使脑卒中和冠心病的危险增加，控制高血压，可以有效降低这种危险。

运动时心脏跳动的速度加快，形成更高的压力，加速血液的流动，血压随之升高；运动时肌肉收缩，从血管外面形成压力，也会使血压增高，所以人运动中的血压比安静的时候高。但是运动后，血压会很快回落到正常水平，并且可以维持几小时或更长。

血压有随着年龄增加而升高的趋势，坚持参加运动可以预防或延缓高血压的发生，也是运动有益于心血管健康的一个重要原因。

（五）多运动——提高循环呼吸功能

心脏和血管的运动形成血液循环，为身体各部分组织输送氧气，运回二氧化碳，通过肺脏的呼吸，形成身体内外气体的吐故纳新。

循环呼吸功能的高低，决定着身体输送氧气的能力，由于运动时需要消耗大量氧气，因此也决定着一个人体力活动能力的高低。经常参加运动者，体力好，循环呼吸功能也好。

运动时，心跳和呼吸加快，心脏输出的血量增加，肺脏呼吸的气体量也大幅度增加，在满足运动时耗氧量增加的同时，也锻炼了心肺功能。机体对于运动引起的循环呼吸活动刺激的适应，表现在心肺功能达到了一个更高的水平。

机体对运动的这种适应提高了循环呼吸系统的健康水平，这意味着在机体的衰老过程中，心肺功能的退行性变化更加缓慢，与同龄人比较，可以维持更高的体力活动能力；也意味着保有更多的功能储备，有助于抵御循环呼吸系统疾病的损耗。

二、运动是骨骼、关节和肌肉健康的基础

骨骼、关节和肌肉是身体运动的必要组成部件，没有它们，身体的运动就无从谈起；另一方面，它们的健康也有赖于身体的运动。

（一）没有运动就没有骨骼的健康

骨骼是我们身体的支撑框架，身体不动时，骨骼要承受地球引力的作用；运动时，还要承受肌肉收缩产生的拉力。身体的骨骼必须有能力承受无论是重力、拉力，还是其他受力的综合作用，才不发生折损。

作用于骨骼的各种力量越大，要求骨骼的强度越大，这些力量对骨骼也是一种信号。力量大、信号强告诉身体，必须保持或增加骨骼的强壮程度；力量小、信号弱告诉身体，骨骼不必太强壮也足以担当。

比一比两臂，经常用力的右臂肌肉更壮、骨骼更粗。由于运动太少，长期卧床的病人骨密度降低；而经常进行体育活动的人骨密度增加。

（二）关节不运动就会丧失功能

关节是一个复杂的机械系统，各种骨骼、肌肉、韧带和关节软骨是构成关节的基本部件，还有润滑液和血液循环的保障作用。

这样复杂的系统存在的唯一目的就是运动，不同关节的活动方向和范围不同，全身大小各种关节的组合为我们身体的运动提供了近乎无限的可能。

关节软骨内没有血管，营养供给和代谢产物的清除完全靠运动中关节腔内的压力变化。压力增加，关节液进入关节软骨；压力降低，软骨内的液体流出，这种关节液的进出维持着软骨的新陈代谢。

用进废退——关节的功能只能在运动中保持，不动的关节可以变得僵硬，长期不动甚至难以恢复。

（三）运动能够增强肌肉的代谢调节功能

肌肉是人体运动的动力源，人体的各组肌肉协调收缩放松，可以完成各种从简单到复杂的运动。运动可以使肌肉强壮，长期不运动的肌肉就会萎缩。

肌肉运动需要的能量主要来自于脂肪酸和葡萄糖。其中的部分脂肪来自于肌肉自己的储备，多数来自于脂肪组织；而糖主要靠肌肉所储备的葡萄糖。

肌肉是体内最大的葡萄糖储存库，因此对血糖的调节具有重要意义。肌肉体积萎缩、功能减弱，也会影响血糖的调节能力。因此，运动强壮肌肉的作用也有助于改善血糖的调节能力。

（四）运动能够减少骨骼肌肉关节的意外伤害

运动有益于骨骼、关节和肌肉的健康，也有可能引起它们的损伤。适度、合理的运动发生运动损伤的可能性很小，利大于弊；过度、不合理的运动更容易发生运动损伤，这时弊可能大于利。

运动损伤不仅仅发生于体育锻炼的时候，日常生活中也会发生，并且多数人的损伤是在日常生活中发生的。而经常参加体育锻炼的人损伤总发生率更低，他们锻炼得腿脚更灵活、反应更快，遇到磕磕绊绊，相对更不容易受伤。

三、运动改善体型、体重和身体成分

身体外在美和内在健康都可以体现在体型上，这也离不开合理的体重和身体成分组成，并且都与日常运动的多少密切相关。

（一）健美的体型需要体育锻炼

健美的体型一定要通过漂亮的曲线展示，男女都一样，只不过审美的标准有所差别。男性更强调健壮，女性更强调柔美。人是有生命的活动体，不论健壮还是柔美，运动是其存在的基础，静态的造型不过是运动过程中一个凝固的瞬间。

运动体现阳刚之美

男性美与女性美的不同，也源于他们不同生命活动的需要。女性身体内的脂肪更多，因为她们要为孕育新生命储存更多的能量。男性体内肌肉更多，因为捕猎的任务主要由他们完成。

人体的构造本来就是为了运动而设计的，四肢、手脚、脖颈、腰腹……身体的每一部分骨骼、关节、韧带和肌肉的组合都是一种结构和功能的最佳体现，只有在运动中才能展示出其灵活和力量的魅力；也只有通过身体各部位的运动锻炼，才能使它们达到其最佳的外在面貌和内在功能状态、达到内在健康与外在优美的和谐统一。

运动展示健美体型

（二）运动影响身体内的脂肪比例和分布

脂肪是动物体内最大的能量储备库。例如，熊在几个月冬眠中、鲸鱼在半年多迁徙中不进食，完全靠体内脂肪的储备维持生命活动。在农业文明以前，人类也是靠体内的脂肪应付不时发生的食物短缺。

当熊从冬眠中醒来、鲸鱼迁徙到其食物供给海域、人类先人在饥饿数日之后终于发现了猎物，搏杀过程中的运动需要大量能量，脂肪就是其主要来源。

体内的脂肪分布还反映着一些生命活动的需要，皮下脂肪有助于保温，也便于肌肉活动时能够动用；臀部的脂肪多，是身体的长期能量储备，而且不妨碍身体的运动；但腹部不应有太多的脂肪，否则不利于躯体的活动，如刨取采摘野菜、野果。

今天的生活方式，食物丰富、运动少，脂肪在维持人类生命活动的能量储备功能大大削弱，但却在体内积累得越来越多，分布也发生了变化，带来许多健康问题。

（三）运动有助于保持体重

体重是判断健康的重要指标。胖人的血压、血脂和血糖更高，更容易患糖尿病、心血管病和肿瘤。世界卫生组织（WHO）早在1947年就把肥胖定义为一种疾病，肥胖症。

肥胖症的根本原因是吃得多、运动得少，反映了能量摄入与消耗之间的不平衡。摄入的能量大于消耗，多余出来的能量就会变成脂肪储存起来，久而久之，人就会变得越来越胖。

控制和保持体重，一方面避免过量饮食，另一方面应该多运动，保持能量摄入与消耗的平衡，不要让能量剩余，形成额外的“赘肉”，既不好看，也不利于健康。同时，在自己体质和体力允许的情况下，更长时间、更费力的运动消耗能量更多，对保持体重更有利。

（四）运动是减肥最积极有效的手段

体重的变化决定于能量摄入与消耗二者的平衡，就是进食各种食物所获得的能量与各种活动所消耗的能量之间的相对比例。吃得多、动得少使人变胖，吃得少、动得多使人变瘦。

减肥就要减少体内的脂肪，而不是减少肌肉、骨骼等这些瘦体重成分。单纯靠节食减肥，包括服用节食减肥药和缩胃手术减肥，减少的体重有身体内的脂肪，但瘦体重成分所占的比例相对更大。

运动在减肥中的作用有两方面，一方面通过各种运动增加能量消耗，使身体的能量平衡向负的方向倾斜；另一方面通过肌肉力量训练，保持肌肉和骨骼这些重要的瘦体重成分。

四、运动提高免疫功能

人体的免疫系统是一个分布于全身的网络，对外界的生物学和物理化学物质起到防卫作用，对体内的环境变化起到监视维稳的作用。免疫系统由免疫器官、免疫细胞和免疫因子组成。

人体的免疫系统随各种刺激发生变化，对外界微生物的入侵，免疫系统调动各种免疫细胞和因子加以防卫。体内环境中发生的异常情况对免疫系统也是一种刺激，如发生癌变的细胞刺激和激活免疫系统，随后被控制和杀灭。

运动是对机体的一种刺激形式，因此可以调节机体的免疫功能。科学的体育锻炼可以对免疫系统产生良好影响，表现为增加自然杀伤细胞数量，提高机体的抗感染能力和对某些细菌的特殊抵抗作用，增强身体的抗病能力。有锻炼习惯的人在同样条件下，感染疾病的人数和比例低于不参加体育锻炼者。

运动对于免疫系统的影响是双向的，过度的运动有可能损害免疫功能。人体的免疫功能也受到营养、心理和环境变化等多种因素的影响。因此，在健康的生活方式基础上，经常参加适度的体育锻炼是提高人体防病治病的最有效手段。

第二节　运动促进心理健康

“动”与“不动”可以决定一个人的心情。爱运动的人心情更好，不爱运动的人更容易心情压抑。

一、运动增强自信心

赢得比赛战胜了竞争对手，无疑增加了一个人对自己运动能力的肯定。

坚持长期的体育锻炼，也是对自己运动能力的一种肯定。和别人比，你能做到，和自己过去比，你还能做到。

通过体育锻炼，肯定自己的运动能力，这种肯定使人在面对其他挑战时，具有更强的自信心。

二、运动有助于化解负面情绪

有人在愤怒时通过摔东西来发泄情绪，甚至在国外有这样的商业服务。人在摔东西时的体力活动可以缓解愤怒、不满和烦恼等负面情绪。

即使不进行破坏性活动，体力活动时肌肉工作本身也同样具有调节情绪的作用。心情不好的时候找个场地锻炼锻炼身体，身心都获益。如能有家人和朋友一起陪伴锻炼，调节情绪的效果会更好。

大脑掌管人类情绪、认知和运动等功能的区域不同，一个区域兴奋时，其他区域相对抑制。因此体育锻炼可以使大脑中情绪过度兴奋的区域安静下来，不快的负面情绪逐渐缓解。

三、运动改善大脑功能

社会上有关运动员头脑简单、四肢发达的说法是误解，很多优秀运动员智商也很高。只有少数人大脑的能力显示一种偏向发展的特点，多数人大脑的各方面能力互相之间是有所补充的。

运动可以促进神经系统的发育，运动技能的学习也可以提高大脑的认知能力，有助于大脑的全面发展，也有助于一个人书本知识学习和逻辑思维能力。

人类的任何活动都提倡劳逸结合。所谓“逸”，不一定是安静休息，身体从事体力活动时，大脑中有关脑力活动的区域就处于“逸”的状态，并且休息的效率更高。

四、运动使人更加快乐

体育锻炼不是劳作，而是快乐的追求。运动时刺激大脑内类似于吗啡作用的物质分泌，所以人们运动后可以体验到一种享受的感觉。这是人体体育锻炼的内在推动力，不喜欢运动的人感觉运动是个负担，那是因为他们还没有通过坚持体育锻炼调动起这种体验。

亲近大自然、新鲜空气和阳光，享受亲情、友情和团队的支持……很多与运动有关的外在因素推动锻炼的人们感受快乐。

安排体育锻炼计划，就如同安排一个感受快乐的时间表，让运动的快乐预期而至，健康不会远离，生活中的种种美好也会陪伴在左右。

享受运动带来的快乐

第三节　运动有益于青少年体力、智力发展

运动是人类与生俱来的生存方式，当今青少年日常体力活动明显减少，对生长发育和身心健康造成一定影响。为此，青少年时期要多参加体育锻炼，增加体力活动内容，学习各种运动技能，养成体育锻炼习惯，可以使他们终身受益。

一、运动有助于身高的生长

不论男孩、女孩，高挑的身材总让人羡慕。家长们为了让自己的孩子长得更高，首先想到的是营养，如补钙，其实运动也很重要。

身高与身体骨骼的长度关系密切，而骨骼生长有赖于运动对骨骼形成的力量刺激。运动中的肌肉收缩和重力变化给骨骼组织发出信号，让其感受到生长的需要，这种信号越强，骨骼的生长反应越大，所以经常运动的孩子能够长得更高。

举重和蹦跳都可以对骨骼形成刺激信号，因此，打篮球等跳跃运动可以刺激骨骼长长，而力量练习同样可以促进身体长高，因为骨骼生长主要是在不运动的时候发生的。所以，以健身为目的的体育活动，不论举重还是打篮球，对骨骼的刺激都能促进骨骼的生长。

当然，身高决定于遗传、营养、运动等很多因素。其中遗传因素固然不可改变，但是在保证营养的同时，让青少年经常锻炼，可以让他们身高生长的潜能得到充分发挥，长出自己的“最高高度”。

二、运动培养团队精神

独生子女相对缺少同龄朋友的交往，特别是在现代社会相对更封闭的生活环境中，独生子女们成熟得相对较晚，社会适应能力差，不善于与人交往，甚至连找朋友都要父母出面。

参加体育运动，在一定程度上可以帮助克服孩子们成长过程中这些种种不利因素。不像大多数课外补习班，上课时孩子们仍旧各自学习。体育运动的游戏性质让孩子们精神更松弛、性格更开放，接触同龄朋友时，更容易拉近距离。

运动培养团队精神

集体项目可以培养孩子的团队精神，个人项目可以锻炼孩子的自我表现能力；耐力训练使孩子懂得坚持，比赛的失利使孩子体验挫折。这些都是现代独生子们缺少、又是一个人成长过程中不可缺少的经历。

让孩子们多参加运动，磨炼更坚忍的意志，培养更包容的性格，结交更多的朋友。

运动有助于孩子良好性格形成

三、运动提高学习效率

孩子喜欢运动，但是家长总怕耽误了学习的时间而阻止，这实际对青少年全面成长不利。

智力所代表的不仅仅是需要时间记背的知识，同时也包含归纳推理等思维能力、构形预测等想象能力、分配协调等组织能力……所谓德智体综合素质，更不是简单的考试分数所能概括的。体育活动有助于机体的神经系统全面发展，特别有助于想象力、空间思维和组织规划等方面能力的提高。

让孩子每天在运动场上玩上1个小时，与一天10个小时以上的书本学习相比，并不多到耽误学习的地步。更重要的是大脑在一段高度紧张的书本学习以后，常常难以放松下来。而通过体力活动激活大脑的不同区域，可以改变这种情况，更好地使大脑与书本学习有关的区域得到真正的休息。

家长们应鼓励孩子们参加各种体育运动，使他们的大脑功能得到全面发展，也可以使他们大脑的工作效率得以提高，最终可以更好地促进学习成绩的提高。

四、运动有助于养成终身运动习惯

学生时代的学习为一生的事业打基础，同样，也为一生的健康作铺垫。生命在于运动，在于从儿童时代一直到老年坚持锻炼。事实证明，那些从小就经过系统体育锻炼的人，更容易保持终身体育锻炼的习惯。人的事业一般要到中年才能有所成就，而不良生活习惯积累的健康危害也多在这时开始显现。当疾病的困扰让人无法为前半生的奋斗收获成就时，惋惜和后悔都将无济于事。

成年人常常无法抗拒懒惰，如果没有体育运动的爱好，单纯为了健康去锻炼，很多人难以坚持。爱好需要在青少年时代培养，爱好体育锻炼使人们在享受运动所带来的乐趣中促进了健康。

现在很多青少年在运动上无一技之长，不会运动。家长、老师，学校和社区都应为他们学习运动技能提供时间、场地、器材和教练方面的支持。孩子们的日程表不应总是围绕着应付考试的补习辅导班，真正为了孩子的未来，要让他们学会玩，让他们学会终身享受运动的快乐。

第四节　运动使人延年益寿

老年人都知道运动有益健康，所以参加体育锻炼最积极。老年人运动的意义不仅仅在于活得健康长寿，还在于活得快乐、幸福、有质量。

运动使人延年益寿

一、经常运动可延长老年人的寿命

人的寿命是多重因素决定的，有的人活得更长久，有的人早于他人先逝去，这在一定程度上不是人力所能左右的。但是，只和自己比，经常锻炼的老年人更长寿，而不锻炼，就会损失本来属于自己的有生之年。

老年人的锻炼需要因人而异、适度量力，根据自己的能力把握运动的度，才能达到锻炼的效果和目的。

有些中老年人，走过了生命大半旅程才下决心开始锻炼，这并不能说晚。但需要提醒，改变生活原有轨迹的努力，应该有一个循序渐进的过程。

二、经常运动可提高老年人的生活质量

日常生活中，有一些必不可少的基本活动，如外出采购、回家上下楼、打扫室内卫生、洗衣做饭……如果不能独立完成这些活动，一个人的生活就缺乏质量保证，所以老年人锻炼的重要目的之一是保持自己完成这些活动的能力、保持独立生活能力。

完成这些活动需要有能力步行一段距离、爬几层楼梯、弯腰拾物、拎起和携带几千克重量……这不仅需要上下肢和躯干肌肉有足够的力量，也需要一定水平的心肺功能。

为此，应经常做一些专门为老年人设计的功能训练，也可以做有助于保持心肺功能和肌肉力量的体育锻炼，还可以通过日常活动进行功能训练，都能够帮助保持和提高老年人的生活质量。

三、经常运动使老年人活得更快乐

老年人应该是为了追求和享受快乐去运动和锻炼。体育锻炼不仅仅是体力的负荷，还有人与人之间的信息和感情的交流。老年人聚在一起的活动，能够产生心理上的愉悦。

运动能够使老年人找回童心，感受快乐，“随心所欲而不逾矩”，幸福的老年生活为社会和家庭带来和谐与安宁。

带给老年人好心情的运动不拘形式，动则有益、动则有乐。

四、经常运动使老年人活得更健康

老年人的健康常常是相对的，多少会有些异常的指标，很多人还会戴上左一顶、右一项疾病的帽子。但这不意味着老年人不能通过体育锻炼活得更健康。

运动可以帮助老年人控制高血糖、高血压，调节血脂，起到延缓糖尿病、心脏病等慢性病发展的作用，对这些疾病经常发生的并发症也有预防作用。

在肿瘤、心肌梗死等大病之后，运动的康复作用可以帮助老年人部分恢复有关功能，也有助于预防病症的复发。

第五节　运动有助于预防多种疾病

运动有益健康，使人体质好，还使人少患病、晚患病。世界卫生组织估计，经常参加体育锻炼的人糖尿病、心血管病和恶性肿瘤的发生率减少20%～30%，不爱运动的人寿命大约减少3年。

一、循环系统疾病

心脏病和脑卒中都属于循环系统疾病，是威胁人类生命的最大杀手。中国目前近40%的人死亡原因是心脑血管病。循环系统疾病可以通过生活方式的干预有效预防，包括坚持参加体育锻炼。

心脑血管病的发生多数始于血管狭窄，造成心脏和大脑的供血能力下降，血液供应的障碍可以进一步造成心脏和大脑组织的损伤。这些病变的急性发作常常表现为心梗和脑梗。

血管狭窄是一个随着年龄增加而加重的过程，经常参加体育锻炼者血管狭窄的发展更慢，应对心脏和大脑缺血急性发作的储备能力更强。因此，坚持体育锻炼是预防心脑血管病的重要和必要措施。

二、运动系统疾病

人体的运动系统由骨骼、关节、肌肉和韧带等组成。随着年龄的增长，运动系统发生的常见病是骨质疏松症、骨关节退行性变，及肌肉组织的萎缩。这些变化使人体运动功能降低，轻则影响生活自理能力，重则发生骨折、身体活动障碍等。

骨质疏松症是一种隐匿的疾病，只有在发生骨折时才显现其严重的危害。骨量丢失是人衰老过程中必然发生的现象，不可逆转，但是可以通过运动等措施延缓其发展，预防骨质疏松症过早发生。运动刺激骨骼生长得更加强壮，经常运动者骨密度更高，在年轻时储备更高的骨量，可以有更强的耐受力，应对增龄性的骨量丢失，是预防骨质疏松的重要措施。

骨关节退行性变在人群中的发生率非常高，其原因与关节的损伤有关，也与运动过度有关。但这不意味着不运动就可以预防骨关节退行性变。一方面，多数关节损伤发生在日常活动中，而经常运动的人，在日常活动中关节损伤的发生率更低、损伤程度也较轻；另一方面，把握体育活动的度，避免造成关节的过度磨损，同时选择适宜的运动形式、强度和时间，注意有关的安全保护措施，可以有效地预防运动损伤的发生，促进骨关节健康，保持关节的功能。

三、代谢系统疾病

最常见的代谢系统疾病是糖尿病。当我们从食物中摄入淀粉和糖类物质以后，身体将其消化吸收、分解利用或储存起来的过程就是糖的代谢。如果这一过程出现了异常，并且达到一定严重程度，人就会患糖尿病。

运动时，身体的四肢和躯干的大肌肉群产生收缩活动，其动力主要来自于糖和脂肪。现在对于糖尿病的研究发现，过量摄入淀粉和糖是诱发糖尿病的重要原因，过量摄入脂肪也与糖尿病的发生有关。因此，运动消耗糖和脂肪的作用，对于预防糖尿病具有非常积极的作用。

肥胖症、血脂异常、痛风症等疾病，也属于代谢系统疾病，坚持体育锻炼都有一定预防作用。由于代谢性疾病一般都与饮食有关，所以对于这些疾病的预防，还特别强调饮食因素的控制，只有结合饮食、运动和多种生活方式因素的综合管理，才能使我们预防疾病、保护健康的努力得到更充分的体现。

四、恶性肿瘤

恶性肿瘤是人类生命的一大威胁，由于目前医学手段的局限性，发病以后救治所能收到的效果相对有限。因此在医学上特别强调预防，可以通过生活方式危险因素的干预降低罹患很多恶性肿瘤的风险。

虽然目前我国肺癌、消化系统肿瘤的发病率仍旧较高，但是有关统计已经显示，一些与生活方式有关的肿瘤发病率在快速上升，如结肠癌和乳腺癌。坚持参加体育锻炼者，发生结肠癌和乳腺癌的可能性更小。

恶性肿瘤的发生原因非常复杂，医学上至今没有完全认识。与遗传、饮食、运动、环境、心理等诸多因素都可能有关。运动作为健康生活方式中的一个因素，不可能完全预防结肠癌或乳腺癌的发生，但可以在降低肿瘤发病风险的同时，促进身体的全面健康。

五、其他

一个人的免疫功能和心理状态影响其全面健康水平。人体的免疫系统是一个庞大而遍及全身的网络，起着抵御外来病害、维持内部稳定的作用，小到感冒、大到癌症都与其有关。心理状态对人体健康有一种潜移默化的影响，虽然医学上不能完全解释，但却时时刻刻发挥着影响健康的作用。

免疫功能与多种疾病的发生有关，不仅仅是感冒等急性传染病，包括动脉粥样硬化、糖尿病、肥胖症等慢性病也都可能有免疫因素的影响。适度运动可以使免疫系统处于一个良好的功能状态，有助于提高抵抗疾病的能力，而过度运动可以抑制免疫功能，降低身体的抵抗力。

心理因素本身与一些精神疾病有关，如抑郁症；心理因素也可以影响全身健康状况，包括免疫功能。良好的心理状态对于疾病的预防、治疗和康复都很重要。运动可以调节情绪、缓解心理压力，通过运动产生的体力疲劳，释放愤怒、不满等负面情绪，分散心理压力和精神疲劳。这种作用在较大运动量时更明显。

第六节　运动辅助治疗一些疾病

药物不是疾病治疗的全部，不可能代替运动、饮食、心理等治疗。体育锻炼是很多疾病治疗的一部分，不应被忽略。

一、糖尿病

运动是糖尿病治疗必不可少的措施。血糖异常阶段，运动结合饮食控制，效果抵得上药物治疗，可以延缓甚至可以控制病情发展到糖尿病阶段；糖尿病阶段，运动可以帮助降低高血糖，结合饮食控制，可以减少用药量。

运动对于血糖的调节作用类似于胰岛素，并且可以使胰岛素调节血糖的作用更加敏感。运动调节血糖的作用来自于肌肉，通过肌肉消耗和储备葡萄糖降低血糖。

运动可以保护和促进心脏血管的健康，这对于糖尿病人格外重要，糖尿病人发展到后期，多数会合并心脑血管疾病，最终的死亡原因也多是心脑血管病。因此，运动对于糖尿病人的重要意义是药物所不能替代的。

二、高血压

对高血压的病人而言，运动兼具治疗和预防并发症的双重效果。运动后肌肉血管扩张，精神紧张状态也会放松下来，血压降低，这种效应可以持续几小时或者更长。

一方面，运动本身对高血压有即时的治疗作用；另一方面，坚持体育锻炼，可以改善血管的弹性和心脏的工作能力，还有帮助预防脑卒中、心脏病等并发症的作用。

患高血压初期，首选的治疗是包括运动在内的生活方式调整。遵循运动、限盐和调节心理平衡相结合的治疗方案，很多人的血压可以得到很好的控制，暂时不用吃药，对身体的好处也远远大于单纯的药物治疗。

三、冠心病

冠心病是由于供应心脏的血管变窄甚至梗死造成，适度的体育锻炼可以延缓心脏血管狭窄的发展，结合饮食和药物治疗，还有可能使心脏血管的狭窄程度有所缓解。

运动通过适度增加心脏负荷的锻炼，可以提高心脏血管的应变能力，在日常各种可能导致心脏工作负担加重的情况下，保证心脏的血液供应，减少发生心绞痛和心肌梗死的机会。

运动还可以促进心脏开辟多条血液供应通路。在心脏组织中，与发生狭窄的血管并行，还有一些小血管，坚持循序渐进的体育锻炼，可以使这些血管一点点变粗，起到代偿作用，弥补狭窄血管供血能力的不足。

冠心病人常常不敢锻炼，怕运动用力引起急性发作。这样不运动的长期效果不利于康复，生活质量也受到影响。因此，冠心病人在医生指导下的运动康复，也是治疗的一个重要组成部分。

四、其他

抑郁症、肿瘤、心脏病、脑卒中、骨质疏松症等很多疾病的患者都应该进行适度的运动，对疾病本身有直接的辅助治疗和康复作用。对于调节病中的心情、提高生活质量也有帮助。

不同的疾病、病情的轻重等因素会影响到一个人的运动能力，使其所能承受的运动负荷量不同，有些运动对某些病人还有危险，所以需要得到专业人员的指导，结合个体的疾病和体质的情况及其变化，制定和调整运动健身方案。

疾病的治疗是多方面的，药物和手术治疗重要，但常常不能彻底治愈疾病，也不能解决疾病有关的所有问题，更不可能替代运动、饮食、心理等诸多措施的康复、延缓病情发展和预防并发症的作用。

第二章 运动能力测试与评价

运动有益于健康，但运动必须安全。体育锻炼前进行运动能力测定可以全面地了解体育活动者的身体状况，排除可能造成运动伤害的危险因素，是制定运动健身方案不可缺少的重要步骤。

第一节 身体形态测试与评价

一、身高

身高可以反映身体的发育状况。

被测者赤脚，呈立正姿势站在身高测量计底板，两脚后跟并拢靠近立柱，脚跟、骶骨部及两肩胛间与立柱接触，头部正直，两眼平视前方。测试者读出身高计测量尺度或身高测量计自动显示身高数。身高以厘米为单位，精确至0.1厘米。

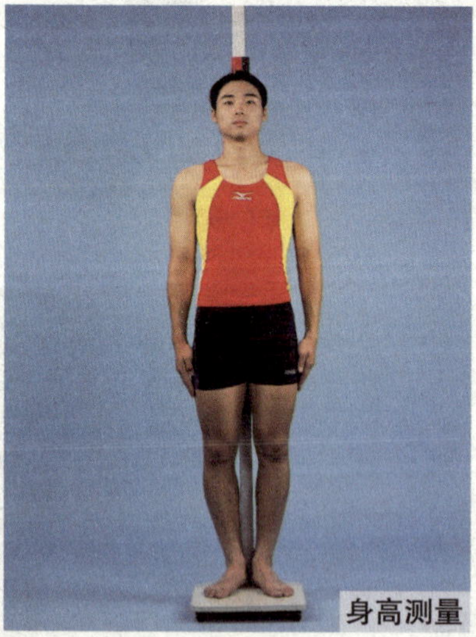
身高测量

二、体重

被测者空腹，尽量少着装，赤脚自然站在体重计中央，站稳后，测试者读出体重数或体重计自动显示体重数。体重以千克为单位，精确至0.1千克。

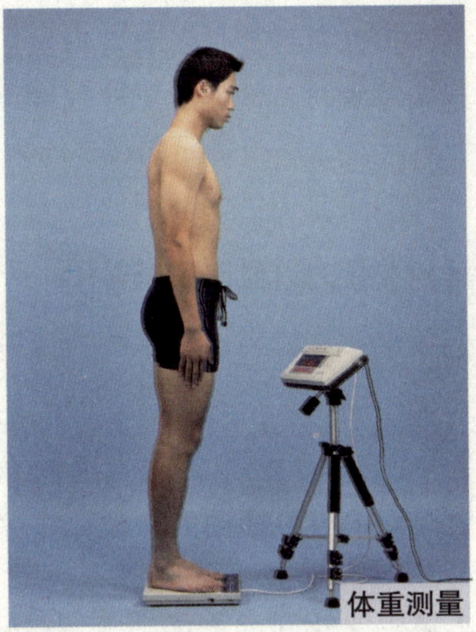
体重测量

三、体重指数

体重指数可以反映身体体型的匀称程度，是判断身体超重和肥胖的简易指标，又称为BMI。

根据身高、体重测定值计算体重指数，计算方法为：

体重指数=体重（千克）/身高（米）的平方（千克/米^2）。

体重指数结果精确至小数点后一位。人体体重指数评价参考值见表2-1。

表2-1 人体体重指数评价参考值

分类	体重指数（千克/米^2）
体重过低	<18.5
体重正常	18.5～23.9
超重	24～27.9
肥胖	>28

（依据《中国成人超重和肥胖症预防控制指南》，人民卫生出版社，2006）

根据表2-1，可以评价人体体重是否正常或是肥胖。例如，某女性，身高1.65米，体重70.0千克，经计算，体重指数为25.7，对照人体体重指数评价参考值，其体重属超重。

需要注意的是，用体重指数评价力量型运动员或经常进行力量练习而使肌肉发达的体育锻炼者时，他们的肥胖程度可能被高估，因为他们的体重指数较高是由于肌肉发达而不是脂肪过多所致。

第二节　身体机能测试与评价

一、安静心率

心率是指单位时间内心脏搏动的次数，在评定运动能力的身体机能测试时，可以采用测量脉搏的方法反映心率。

安静心率是人体处于相对安静状态下测得的。一般情况下，测试前1小时无剧烈运动，测试前10~15分钟需静坐。测量时，取坐位，让被测试者将右前臂放置在与心脏同高的桌子上，掌心向上，测试人员坐在右侧，以食指、中指和无名指的指端触压受试者手腕拇指侧，可发现桡动脉搏动，测量30秒内动脉搏动次数，所得数值乘以2即为测量值。

正常成年人安静时心率在每分钟60~100次之间。心率可因年龄、性别及其他生理情况而不同：女性心率一般比男性稍快，儿童平均约为每分钟90次，婴幼儿可达每分钟130次，老年人较慢，每分钟60次左右。经常进行体育锻炼的人，安静心率也比一般人慢。此外，各种病理情况或药物影响也可使安静心率加快或减慢。

二、血压

测量血压时，一般指测量人体上臂肱动脉的压力。

测量血压要注意以下条件：情绪稳定，应在安静的室内休息10~15分钟，以消除疲劳、紧张等因素对血压的影响；太冷、太热对血压高低都有影响；检查血压前半小时内，应避免进食，不吸烟、不饮酒，排空膀胱（解小便1次）。

使用水银血压计测量血压的步骤：

（1）袖带缠于上臂应平服紧贴，气囊中间部位正好压住肱动脉，气囊下缘应在肘弯上2厘米。

（2）打开血压计开关，快速充气，待触知桡动脉脉搏消失后再加压

30毫米汞柱（4千帕）。

（3）将听诊器胸件置于袖带下肘窝处肱动脉上，然后放松气阀，使压力以每秒2~3毫米汞柱的速度下降。

（4）当水银柱在下降过程中，从听诊器中听到第一个心搏音时数值即为收缩压；当听诊器里心搏音消失时的数值即为舒张压。如果水银柱到零位心搏音仍不消失，则以变音时数值为舒张压。

（5）放松气囊阀门，使水银柱回到零位，关闭血压计开关，把所测的收缩压/舒张压数值记录下来。

使用上臂式全自动或半自动电子血压计时按照说明进行测量即可。

不管是哪种测量方法，测量手臂的位置要与心脏在同一个水平，一般以右臂为准。如果是坐位测量，将右臂放于桌子上，如是卧位将右臂外展45°，听筒放于肘上约2厘米的肱动脉搏动处，袖带偏上些（听筒不应塞进袖带），即可进行测量。血压计袖带应贴近上臂皮肤固定住，但不应感觉太紧。为了准确测量血压，个子较大的人需要用较宽的袖带，儿童或瘦小的人则需较窄的袖带。

血压水平的定义和分类见表2-2。

表2-2 血压水平的定义和分类

类 别	收缩压（mmHg）	舒张压（mmHg）
正常血压	＜120	＜80
正常高值	120～139	80～89
高血压	≥140	≥90
1级高血压（轻度）	140～159	90～99
2级高血压（中度）	160～179	100～109
3级高血压（重度）	≥180	≥110

（依据《中国高血压防治指南2005》，修订版. 人民卫生出版社，2006）

三、肺活量

肺活量反映人体的肺容量和通气能力，采用肺活量计测试。被测者一次最大吸气后，将嘴对准肺活量计口嘴，做最大深呼气，直至呼尽为止。肺活量单位为毫升，电子式肺活量计精度为1毫升，翻转式肺活量计精度为20毫升。连续测两次，取较大值。肺活量越大，表明肺通气功能越好。不同年龄人群肺活量评分见表2-3、表2-4。

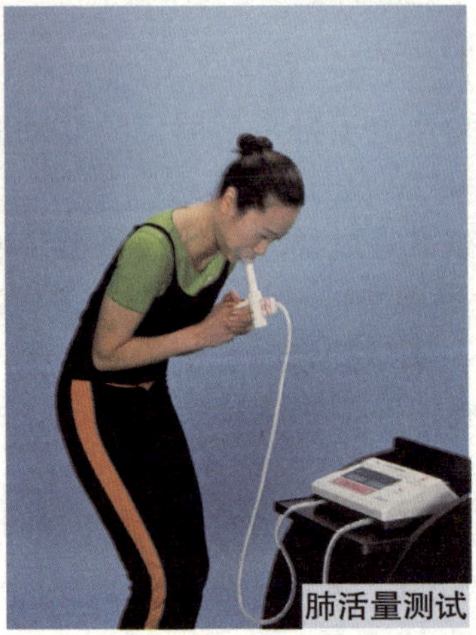

表2-3　不同年龄男性肺活量评分表（单位：毫升）

年龄组	1分	2分	3分	4分	5分
20～24岁	2369～2847	2848～3464	3465～3984	3985～4634	＞4634
25～29岁	2326～2849	2850～3459	3460～3969	3970～4624	＞4624
30～34岁	2240～2749	2750～3344	3345～3874	3875～4544	＞4544
35～39岁	2135～2619	2620～3209	3210～3739	3740～4349	＞4349
40～44岁	2007～2449	2450～3084	3085～3599	3600～4223	＞4223
45～49岁	1900～2307	2308～2964	2965～3464	3465～4099	＞4099
50～54岁	1770～2164	2165～2779	2780～3254	3255～3914	＞3914
55～59岁	1669～2059	2060～2644	2645～3124	3125～3769	＞3769
60～64岁	1400～1827	1828～2425	2426～2939	2940～3499	＞3499
65～69岁	1255～1660	1661～2229	2230～2749	2750～3334	＞3334

表2-4　不同年龄女性肺活量评分表（单位：毫升）

年龄组	1分	2分	3分	4分	5分
20～24岁	1423～1873	1874～2354	2355～2779	2780～3259	＞3259
25～29岁	1396～1834	1835～2364	2365～2769	2770～3244	＞3244
30～34岁	1320～1781	1782～2339	2340～2759	2760～3242	＞3242
35～39岁	1295～1734	1735～2249	2250～2674	2675～3159	＞3159
40～44岁	1228～1629	1630～2149	2150～2573	2574～3074	＞3074
45～49岁	1160～1519	1520～2049	2050～2459	2460～2979	＞2979
50～54岁	1115～1469	1470～1977	1978～2374	2375～2899	＞2899
55～59岁	1095～1374	1375～1854	1855～2249	2250～2769	＞2769
60～64岁	955～1219	1220～1684	1685～2069	2070～2552	＞2552
65～69岁	895～1104	1105～1559	1560～1964	1965～2454	＞2454

四、心电图

45岁及以上男性，或55岁及以上女性参加体育锻炼之前应进行安静心电图检查，以排除心脏病。年轻人在进行大强度运动之前也应进行心电图检查，以增加运动中的安全性。心电图检查应由医生或经过专业训练的人员完成。

第三节　运动能力测试与评价

一、有氧运动能力测试与评价

有氧运动能力是反映机体以心肺功能为主、在氧气供应充足状态下的运动能力。

有氧运动能力测试包括实验室测试和运动场测试。实验室测试需要专门的仪器设备，在专业人员指导下进行。实验室测试程序严格，数据可靠，并由专业人员分析评价测试结果。运动场测试不需要专门的仪器，测试过程简单，体育锻炼者可按照测试要求在运动场测试，并自我评价。

（一）递增负荷功率自行车测试

被测者在功率自行车上进行递增负荷运动。起始负荷功率为30瓦，蹬踏频率为60次/分。每级负荷持续运动3分钟，递增负荷功率为30瓦。各级负荷之间没有休息，直接递增至下一级负荷，直至身体疲劳无法继续运动时，终止运动。专业测试人员也可根据监测指标终止运动。将最大负荷功率数代入下列公式，计算功能能力（F.C.）。

$$\text{F.C.}=\frac{\text{最大功率负荷（千克·米/分）}\times 1.8}{\text{体重（千克）}\times 3.5}+2$$

专业人员根据功能能力，评定有氧运动能力。功能能力值越高，有氧运动能力越好。

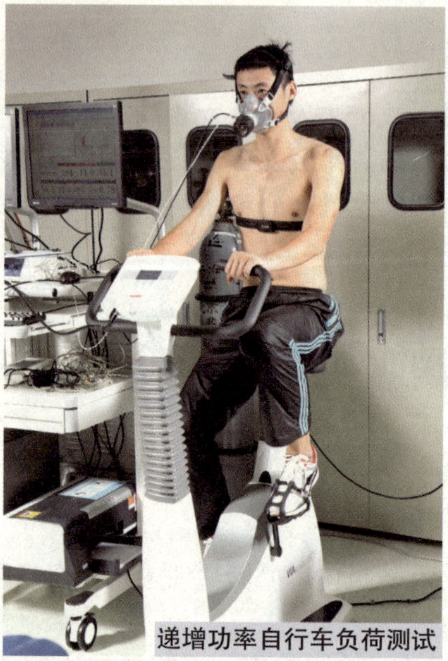

递增功率自行车负荷测试

（二）固定负荷功率自行车测试

被测者在固定功率自行车采用固定运动负荷（男：600千磅·米/分；女：450千磅·米/分），蹬踏3分钟，记录运动后即刻心率值。专业人员根据被测者的年龄、性别、体重，推测最大摄氧量（毫升·分$^{-1}$·千克$^{-1}$），最大摄氧量值除以3.5，即得到功能能力（F.C.）。

专业人员根据最大摄氧量和功能能力，评定有氧运动能力。最大摄氧量和功能能力值越高，表明有氧运动能力越好。

（三）台阶试验

被测者直立站在台阶前方（男子台高30厘米，女子台高25厘米），按照节拍器发出的提示音做上下台阶运动。当节拍器发出第一声时，一只脚踏上台阶，第二声时，另一只脚踏上台阶，双腿伸直，第三声时，先踏上台阶的脚下台阶，第四声时，另一只脚下台阶，连续重复进行此动作3分钟后，受试者立刻静坐在椅子上，记录运动停止后第1分至第1分30秒、第2分至第2分30秒、第3分到第3分30秒的3次脉搏数，以下面公式计算台阶指数。

如果被测者3次不能按照节拍器发出的节奏完成上下台阶或不能坚持运动，应立即停止运动，记录运动持续时间，并以同样方法记录3次脉搏数，代入公式计算台阶指数。

$$台阶指数=\frac{运动持续时间（s）}{（3次测量脉搏数之和）\times 2}\times 100$$

台阶指数越高，有氧运动能力越好。不同年龄人群台阶试验评分见表2–5和表2–6。

表2–5　不同年龄男性台阶试验评分表

年龄组	1分	2分	3分	4分	5分
20～24岁	42.1～46.1	46.2～52.0	52.1～58.0	58.1～67.6	＞67.6
25～29岁	42.1～46.1	46.2～51.9	52.0～58.3	58.4～68.1	＞68.1
30～34岁	41.4～46.1	46.2～52.2	52.3～58.3	58.4～68.1	＞68.1
35～39岁	41.3～46.1	46.2～52.2	52.3～58.7	58.8～68.1	＞68.1
40～44岁	37.8～46.5	46.6～53.5	53.6～59.9	60.0～70.2	＞70.2
45～49岁	35.5～46.3	46.4～53.5	53.6～60.3	60.4～70.2	＞70.2
50～54岁	31.5～45.8	45.9～53.5	53.6～59.9	60.0～69.7	＞69.7
55～59岁	29.9～44.7	44.8～53.2	53.3～59.9	60.0～69.7	＞69.7

表2–6　不同年龄女性台阶试验评分表

年龄组	1分	2分	3分	4分	5分
20～24岁	40.9～46.1	46.2～52.2	52.3～58.0	58.1～67.1	＞67.1
25～29岁	40.7～46.8	46.9～53.2	53.3～59.1	59.2～68.6	＞68.6
30～34岁	39.5～47.0	47.1～53.7	53.8～59.9	60.0～69.1	＞69.1
35～39岁	37.0～46.8	46.9～53.8	53.9～60.3	60.4～69.7	＞69.7
40～44岁	31.5～46.8	46.9～54.8	54.9～61.5	61.6～71.3	＞71.3
45～49岁	30.0～45.6	45.7～54.4	54.5～61.5	61.6～71.3	＞71.3
50～54岁	27.9～43.8	43.9～54.1	54.2～61.5	61.6～71.3	＞71.3
55～59岁	27.3～39.8	39.9～52.8	52.9～60.3	60.4～70.2	＞70.2

（四）运动场测试

被测者以尽可能快的速度在标准田径场（400米/圈）行走（不能跑）1600米，记录完成时间（分）和运动后即刻10秒钟的心率（然后乘以6，换算成每分钟心率）。根据被测者的体重、性别、运动时间、心率，代入下列公式计算最大摄氧量，最大摄氧量用毫升·分$^{-1}$·千克$^{-1}$（ml·min^{-1}·kg^{-1}）表示。

最大摄氧量（毫升·分$^{-1}$·千克$^{-1}$）=132.853–（0.03488×体重）–（0.3877×年龄）+（6.315×性别）–（3.2649×时间）–（0.1565×心率）

体重单位为千克；年龄为周岁；心率为次/分；性别：女为0，男为1；时间为分（精确到0.01分）。

最大摄氧量值越高，有氧运动能力越好。用最大摄氧量结果评价有氧运动能力的方法见表2–7 。

表2–7　最大摄氧量（毫升·分$^{-1}$·千克$^{-1}$）评价有氧运动能力等级表

年龄（岁）	优秀		良好		合格		较差	
	男	女	男	女	男	女	男	女
15~30	>45	>40	40–	35–	35–	30–	<30	<25
35~50	>40	>30	35–	30–	30–	25–	<25	<20
55~70	>35	>30	30–	25–	25–	20–	<20	<15

例如，某男性，年龄为50岁，体重75千克，完成1600米的时间为15分30秒，即11.50分，运动后即刻10秒钟心率为20次，相当于心率120次/分。最大摄氧量计算方法为：

最大摄氧量（毫升·分$^{-1}$·千克$^{-1}$）=132.853–（0.03488×75）–（0.3877×5）+（6.315×1）–（3.2649×11.5）–（0.1565×120）=132.853–2.616–19.385+6.315–50.60595–20.345=46.1625

经计算，最大摄氧量为46毫升·分$^{-1}$·千克$^{-1}$。被测者50岁，查表可知，其有氧运动能力为优秀。

二、肌肉力量测试与评价

（一）握力

握力反映人体前臂和手部肌肉力量，是评价肌肉力量的常用指标。采用握力计测试。

被测者转动握力计握距调节钮，调至适宜握距，然后用有力手持握力计，身体直立，两脚自然分开（同肩宽），两臂自然下垂，开始测试时，用最大力紧握上下两个握柄。握力单位为千克，精确至0.1千克。连续测两次，取较大值。不同年龄人群握力评分表见表2-8、表2-9。

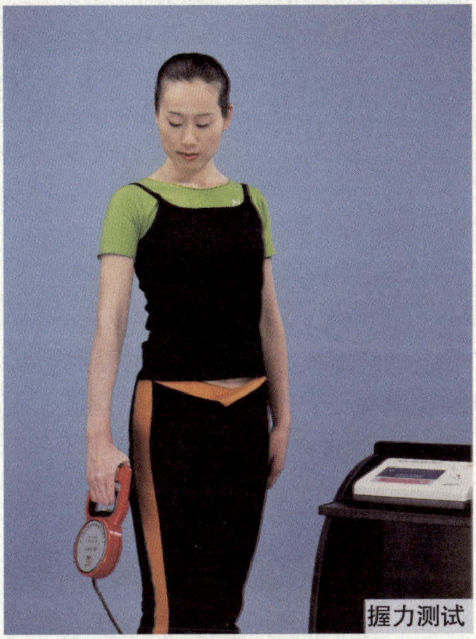
握力测试

表2-8 不同年龄男性握力评分表（单位：千克）

年龄组	1分	2分	3分	4分	5分
20～24岁	29.6～36.9	37.0～43.5	43.6～49.2	49.3～56.3	>56.3
25～29岁	32.6～38.3	38.4～44.8	44.9～50.4	50.5～57.6	>57.6
30～34岁	32.2～38.0	38.1～44.9	45.0～50.6	50.7～57.6	>57.6
35～39岁	31.3～37.2	37.3～44.4	44.5～50.2	50.3～57.7	>57.7
40～44岁	30.0～36.4	36.5～43.4	43.5～49.5	49.6～56.7	>56.7
45～49岁	29.2～35.4	35.5～42.4	42.5～48.5	48.6～55.4	>55.4
50～54岁	27.2～32.7	32.8～40.3	40.4～46.3	46.4～53.2	>53.2
55～59岁	25.9～31.4	31.5～38.5	38.6～43.9	44.0～50.7	>50.7
60～64岁	21.5～26.9	27.0～34.4	34.5～40.4	40.5～47.5	>47.5
65～69岁	21.0～24.9	25.0～32.0	32.1～38.1	38.2～44.8	>44.8

表2-9　不同年龄女性握力评分表（单位：千克）

年龄组	1分	2分	3分	4分	5分
20～24岁	18.6～21.1	21.2～25.7	25.8～29.8	29.9～35.0	>35.0
25～29岁	19.2～21.7	21.8～26.1	26.2～30.1	30.2～35.3	>35.3
30～34岁	19.8～22.3	22.4～26.9	27.0～30.9	31.0～36.1	>36.1
35～39岁	19.6～22.3	22.4～27.0	27.1～31.2	31.3～36.4	>36.4
40～44岁	19.1～22.0	22.1～26.9	27.0～31.0	31.1～36.5	>36.5
45～49岁	18.1～21.2	21.3～26.0	26.1～30.3	30.4～35.7	>35.7
50～54岁	17.1～20.1	20.2～24.8	24.9～28.9	29.0～34.2	>34.2
55～59岁	16.3～19.2	19.3～23.5	23.6～27.6	27.7～32.7	>32.7
60～64岁	14.9～17.1	17.2～21.4	21.5～25.5	25.6～30.4	>30.4
65～69岁	13.8～16.2	16.3～20.3	20.4～24.3	24.4～29.7	>29.7

（二）纵跳

纵跳反映人体下肢肌肉爆发力。该指标主要用于40岁以下人群测试。

被测者站在纵跳仪踏板上，尽力垂直向上跳起，记录纵跳高度，单位为厘米，精确至0.1厘米。测试两次，取较大值。不同年龄人群纵跳评分表见表2-10、表2-11。

纵跳测试

表2-10　不同年龄男性纵跳评分表（单位：厘米）

年龄组	1分	2分	3分	4分	5分
20～24岁	19.9～24.8	24.9～32.3	32.4～38.4	38.5～45.8	>45.8
25～29岁	19.6～23.9	24.0～31.3	31.4～36.8	36.9～43.6	>43.6
30～34岁	18.4～22.3	22.4～29.3	29.4～34.7	34.8～41.1	>41.1
35～39岁	17.8～21.4	21.5～27.9	28.0～33.0	33.1～39.5	>39.5

表2-11　不同年龄女性纵跳评分表（单位：厘米）

年龄组	1分	2分	3分	4分	5分
20～24岁	12.7～15.8	15.9～20.5	20.6～24.7	24.8～30.0	>30.0
25～29岁	12.4～15.0	15.1～19.7	19.8～23.4	23.5～28.5	>28.5
30～34岁	12.0～14.5	14.6～18.7	18.8～22.6	22.7～27.7	>27.7
35～39岁	11.5～13.7	13.8～17.8	17.9～21.3	21.4～26.1	>26.1

（三）俯卧撑

俯卧撑反映人体上肢、肩背部肌肉力量及持续工作能力，主要用于男性测试。

受试者双手撑地，手指向前，双手间距与肩同宽，身体挺直，屈臂使身体平直下降至肩与肘处于同一水平面，然后将身体平直撑起，恢复至开始姿势为完成一次。记录次数。男性俯卧撑评分表见表2-12。

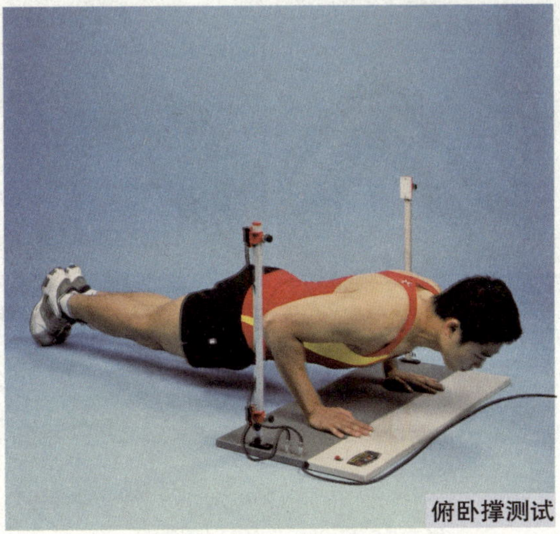

俯卧撑测试

表2-12　不同年龄男性俯卧撑评分表（单位：次）

年龄组	1分	2分	3分	4分	5分
20～24岁	7～12	13～19	20～27	28～40	>40
25～29岁	5～10	11～17	18～24	25～35	>35
30～34岁	4～10	11～15	16～22	23～30	>30
35～39岁	3～6	7～11	12～19	20～27	>27

（四）1分钟仰卧起坐

1分钟仰卧起坐反映人体腰腹肌肉力量及持续工作能力。主要用于女性测试。

被测者仰卧于垫子上，双腿稍分开，屈膝呈90°，双手手指交叉抱于头后，由同伴压住双脚以固定下肢。被测者快速起坐，双肘触及或超过双膝，然后还原为仰卧，双肩胛触垫为完成一次。记录1分钟完成次数。次数越多，成绩越好。女性1分钟仰卧起坐评分表见表2-13。

仰卧起坐测试

表2-13　不同年龄女性1分钟仰卧起坐评分表（单位：次/分）

年龄组	1分	2分	3分	4分	5分
20～24岁	1～5	6～15	16～25	26～36	>36
25～29岁	1～3	4～11	12～20	21～30	>30
30～34岁	1～3	4～10	11～19	20～28	>28
35～39岁	1～2	3～6	7～14	15～23	>23

三、平衡能力测试与评价

采用闭眼单脚站立方法测定人体平衡能力。测试仪器为电子闭眼单脚站立测试仪。

被测者自然站立，闭眼，当听到“开始”口令后，抬起任意一只脚，测试者开表计时。当被测者支撑脚移动或抬起脚着地时，测试者停表，记录站立时间。站立时间以秒为单位，精确至1秒。站立时间越长，平衡能力越好。连续测两次，取较长值。不同年龄人群闭眼单脚站立评分表见表2-14、表2-15。

单脚站立测试

表2-14 不同年龄男性闭眼单脚站评分表 （单位：秒）

年龄组	1分	2分	3分	4分	5分
20~24岁	3~5	6~17	18~41	42~98	>98
25~29岁	3~4	5~14	15~35	36~85	>85
30~34岁	3~4	5~12	13~29	30~74	>74
35~39岁	3	4~11	12~27	28~69	>69
40~44岁	3	4~9	10~21	22~54	>54
45~49岁	3	4~8	9~19	20~48	>48
50~54岁	3~4	5~7	8~16	17~39	>39
55~59岁	2	3~6	7~13	14~33	>33
60~64岁	1~3	4~6	7~14	15~48	>48
65~69岁	1~2	3~5	6~12	13~40	>40

表2-15 不同年龄女性闭眼单脚站评分表 （单位：秒）

年龄组	1分	2分	3分	4分	5分
20~24岁	3~5	6~15	16~36	37~90	>90
25~29岁	3~5	6~14	15~32	33~84	>84
30~34岁	3~4	5~12	13~28	29~72	>72
35~39岁	3	4~9	10~23	24~62	>62
40~44岁	3	4~7	8~18	19~45	>45
45~49岁	2	3~6	7~15	16~39	>39
50~54岁	2	3~5	6~13	14~33	>33
55~59岁	2	3~5	6~10	11~26	>26
60~64岁	1~2	3~5	6~12	13~40	>40
65~69岁	1~2	3~4	5~10	11~35	>35

四、柔韧性测试与评价

采用坐位体前屈方法测定人体柔韧性。测试仪器为电子坐位体前屈计。

被测者坐在垫上，双腿伸直，脚跟并拢，脚尖自然分开，全脚掌蹬在测试仪平板上；然后掌心向下，两臂并拢平伸，上体前屈，用双手中指指尖推动游标平滑前移，直至不能移动为止，记录测试值。单位为厘米，精确至0.1厘米。数值越大，柔韧性越好。连续测两次，取较大值。不同年龄人群坐位体前屈评分表见表2-16、表2-17。

坐位体前屈测试

表2-16 不同年龄男性坐位体前屈评分表（单位：厘米）

年龄组	1分	2分	3分	4分	5分
20～24岁	-3.5～1.7	1.8～8.9	9.0～14.1	14.2～20.1	>20.1
25～29岁	-5.5～0.9	1.0～7.8	7.9～13.4	13.5～19.7	>19.7
30～34岁	-7.0～-0.1	0.0～6.4	6.5～11.9	12.0～18.3	>18.3
35～39岁	-8.7～-2.4	-2.3～4.9	5.0～10.7	10.8～17.1	>17.1
40～44岁	-9.4～-3.8	-3.7～3.9	4.0～9.9	10.0～16.2	>16.2
45～49岁	-10.0～-4.4	-4.3～3.2	3.3～9.1	9.2～15.9	>15.9
50～54岁	-10.7～-5.6	-5.5～2.1	2.2～7.9	8.0～14.8	>14.8
55～59岁	-11.2～-6.3	-6.2～1.7	1.8～7.2	7.3～13.8	>13.8
60～64岁	-12.6～-7.8	-7.7～0.9	1.0～6.7	6.8～13.1	>13.1
65～69岁	-13.6～-9.4	-9.3～-1.6	-1.5～4.6	4.7～11.7	>11.7

表2-17 不同年龄女性坐位体前屈评分表（单位：厘米）

年龄组	1分	2分	3分	4分	5分
20~24岁	-2.1~2.8	2.9~9.4	9.5~14.3	14.4~20.2	>20.2
25~29岁	-3.5~1.9	2.0~8.2	8.3~13.9	14.0~19.7	>19.7
30~34岁	-4.0~1.6	1.7~7.9	8.0~13.3	13.4~19.2	>19.2
35~39岁	-4.8~0.9	1.0~7.3	7.4~12.9	13.0~18.9	>18.9
40~44岁	-5.9~0.1	0.2~6.5	6.6~11.9	12.0~17.9	>17.9
45~49岁	-6.3~-0.1	0.0~6.1	6.2~11.8	11.9~17.9	>17.9
50~54岁	-6.5~-0.6	-0.5~5.9	6.0~11.4	11.5~17.9	>17.9
55~59岁	-6.6~-0.8	-0.7~5.7	5.8~11.1	11.2~17.7	>17.7
60~64岁	-7.5~-2.0	-1.9~5.2	5.3~11.3	11.4~17.7	>17.7
65~69岁	-8.2~-3.1	-3.0~4.0	4.1~10.0	10.1~16.4	>16.4

五、反应能力测试与评价

采用选择反应时测试方法，测定人体神经与肌肉系统的协调性和快速反应能力。测试仪器为反应时测试仪。

被测者中指按住“启动键”，等待信号发出，当任意信号键发出信号时（声、光同时发出），以最快速度去按该键；信号消失后，中指再次按住“启动键”，等待下一个信号发出，共有5次信号。被测者完成第五次信号应答后，所有信号键都会同时发出光和声，表示测试结束，记录测试值，以秒为单位，精确至0.01秒。时间越短，反应能力越好。连续测两次，取较小值。不同年龄人群选择反应时评分表见表2-18、表2-19。

表2-18 不同年龄男性选择反应时评分表（单位：秒）

年龄组	1分	2分	3分	4分	5分
20~24岁	0.69~0.61	0.60~0.50	0.49~0.44	0.43~0.39	<0.39
25~29岁	0.73~0.63	0.62~0.52	0.51~0.45	0.44~0.39	<0.39
30~34岁	0.76~0.66	0.65~0.53	0.52~0.47	0.46~0.41	<0.41
35~39岁	0.78~0.67	0.66~0.55	0.54~0.48	0.47~0.41	<0.41
40~44岁	0.81~0.71	0.70~0.60	0.59~0.49	0.48~0.43	<0.43
45~49岁	0.86~0.73	0.72~0.61	0.60~0.51	0.50~0.43	<0.43
50~54岁	0.90~0.77	0.76~0.62	0.61~0.53	0.52~0.44	<0.44
55~59岁	0.93~0.80	0.79~0.65	0.64~0.55	0.54~0.45	<0.45
60~64岁	1.40~1.01	1.00~0.77	0.76~0.63	0.62~0.51	<0.51
65~69岁	1.45~1.11	1.10~0.81	0.80~0.66	0.65~0.54	<0.54

表2-19　不同年龄女性选择反应时评分表（单位：秒）

年龄组	1分	2分	3分	4分	5分
20～24岁	0.79～0.66	0.65～0.53	0.52～0.46	0.45～0.40	<0.40
25～29岁	0.82～0.69	0.68～0.56	0.55～0.48	0.47～0.42	<0.42
30～34岁	0.86～0.71	0.70～0.58	0.57～0.50	0.49～0.43	<0.43
35～39岁	0.86～0.74	0.73～0.59	0.58～0.51	0.50～0.44	<0.44
40～44岁	0.90～0.76	0.75～0.62	0.61～0.52	0.51～0.44	<0.44
45～49岁	0.94～0.81	0.80～0.65	0.64～0.54	0.53～0.45	<0.45
50～54岁	0.96～0.85	0.84～0.67	0.66～0.56	0.55～0.46	<0.46
55～59岁	0.97～0.88	0.87～0.69	0.68～0.58	0.57～0.48	<0.48
60～64岁	1.46～1.14	1.13～0.84	0.83～0.67	0.66～0.55	<0.55
65～69岁	1.63～1.22	1.21～0.89	0.88～0.69	0.68～0.57	<0.57

第四节　运动风险因素评估

运动有助于健康，但运动也存在风险。运动风险因素评估就是要客观评价体育活动者在进行体育锻炼时是否安全，并制定防范风险的措施。

运动中的风险包括骨骼肌的损伤（如跌倒、扭伤和肌肉拉伤时的骨骼肌损伤）、心血管事件、热损伤及感染性疾病的风险。由于心血管事件对人体的影响比较严重，本节主要介绍运动中的心血管风险因素。

运动导致的心血管事件包括运动中心绞痛、心肌梗死等，但发生率很低，导致死亡的概率更低。但运动中一旦发生心血管事件，将造成严重后果。因此，非常有必要对可能诱发运动所致的心血管事件的风险进行评估，以防范运动导致的心血管事件的发生。

一、运动所导致的心血管风险

运动所导致的心血管风险的大小主要取决于以下因素：

——是否患有心血管、肺脏和代谢性疾病；

——没有上述疾病者是否有疑似症状或体征；

——心血管疾病风险因素的多少。

上述问题可以通过回顾病史、医学检查和健康检查发现。

（一）是否患有心血管、肺脏和代谢性疾病

心血管疾病是指心脏病、外周血管疾病；肺脏疾病主要是指慢性阻塞

性肺部疾病、哮喘、间质性肺病或囊性纤维化。糖尿病是最常见的代谢性疾病。

（二）是否有疑似心血管、肺脏和代谢性疾病的症状或体征

心血管、肺脏和代谢性疾病常见症状或体征有胸部疼痛，颈部、下颌或上肢的不适；休息或轻度活动时气短、眩晕或晕厥、端坐呼吸或阵发性呼吸困难、脚踝部水肿、心脏杂音、间歇性跛行，以及正常活动时出现异常乏力或气短。

（三）心血管疾病风险因素的多少

心血管疾病风险因素与运动安全性密切相关。心血管疾病风险因素越少，运动中出现心血管意外的可能性越小。通常所说的心血管疾病风险因素包括以下几方面。

1. 心血管疾病家族史

如果某人的父母、子女以及兄弟姐妹中，有男性亲属55岁之前，或女性亲属65岁之前发生过心绞痛、心肌梗死等心血管疾病者，可以称为有心血管疾病家族史。这个因素是发生心血管疾病的危险因素之一。而其他亲属，如祖母在70岁时发生过心肌梗死并不是其孙女发生心血管疾病的危险因素。

2. 吸烟

目前吸烟和戒烟6个月以内都是心血管疾病的危险因素。通常人们会认为吸烟对呼吸道或肺部的危害比较严重，实际上吸烟对心血管系统也产生严重危害。香烟中的多种化学物质可以直接损害心血管内膜，使血液中低密度脂蛋白浸入动脉内膜，促使动脉粥样硬化发生。

3. 高血压

高血压是重要的心血管疾病的危险因素，血压越高，运动的风险越大。

4. 糖尿病前期

有些人血糖高于正常，但是尚未达到糖尿病的诊断标准称为糖尿病前期。这些人如不加以干预，在以后的3~5年内多数人会发展为糖尿病。

5. 血脂代谢紊乱

血脂通常是指总胆固醇、甘油三酯、低密度脂蛋白胆固醇和高密度脂蛋白胆固醇。前三项高于正常或后一项低于正常均称为血脂代谢异常。

6. 肥胖

通常用体重指数判断人体的肥胖程度，评价方法见表2-1。

7. 静坐少动的生活方式

静坐少动是指每周参加体育锻炼的时间少于150分钟。静坐少动的生活方式给人们带来的健康隐患不容忽视，每天面对电脑上班，以坐位工作方式为主，累计步行不超过5000步是典型的静坐少动的生活方式。静坐少动是高血压、肥胖、糖尿病、冠心病等多种疾病发生的主要原因。因此从某种程度上讲，这些病都是“坐”出来的。

8. 其他

心血管疾病通常发生在中老年人。男性一般在45岁左右开始出现上述心血管疾病危险因素，而女性由于雌激素对心血管的保护作用，通常在55岁左右才出现。酗酒是诱发心血管疾病的重要因素，酗酒也容易造成运动伤害。工作或生活压力过大可导致人体精神过度紧张，是诱发心血管疾病的危险因素。尽管这些因素不列入心血管疾病风险因素，在实际工作中应该进行综合判断。

二、运动中心血管风险的评估

根据是否患有心血管、肺脏和代谢性疾病，有无疑似症状体征，心血管危险因素的多少，可以将参加体育锻炼的人分成低度危险、中度危险和高度危险三个层次。

（一）低度危险

低危组个体是指既没有心血管、肺脏和代谢性疾病，也无疑似症状体征，没有或仅有一个心血管疾病危险因素的个体。这些人在参加体育活动时发生急性心血管事件的危险性很低，因此运动前不需要做医学检查，运动时一般不需要医务监督，但是当男性≥45岁，女性≥55岁，在进行大强度运动前应做医学检查，并尽可能在医务监督下进行运动负荷测试。

（二）中度危险

中危组个体是指没有心血管、肺脏和/或代谢疾病的症状/体征或已经诊断的疾病，但具有2个或以上心血管疾病的危险因素。这些人在参加体育活动时发生急性心血管事件的危险性增加，但多数中危人群在进行中小强度的有氧运动时，可不进行医学检查，但在参加较大强度运动之前，则要进行医学检查和运动负荷测试。

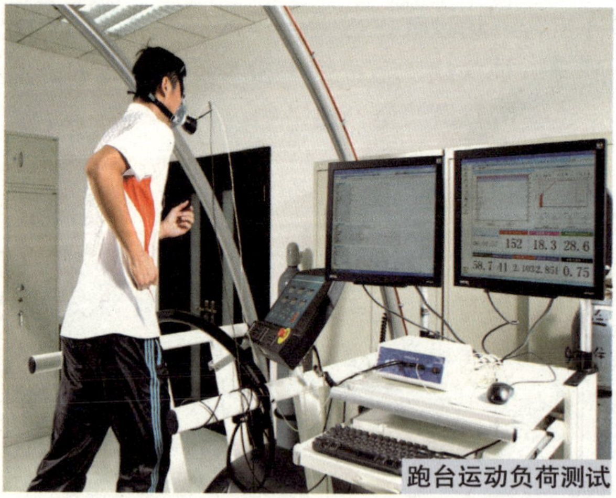

跑台运动负荷测试

（三）高度危险

高危组个体是指有1个或多个心血管、肺脏和/或代谢疾病的症状/体征或已经诊断的疾病。这些人在参加体育活动时发生急性心血管事件的危险性较大，因此，在参加任何形式的体育活动前都要进行全面的医学检查，并获得许可。高危组个体在实施运动健身方案的开始阶段应有医务监督，通常在开始阶段的6~12次运动中都要进行心电图和血压监测。运动中心血管风险分层见表2–20。

表2–20　运动中心血管风险分层及医务监督

危险分层	风险评估因素	医学检查	医务监督
低度危险	没有症状、仅有≤1个心血管疾病危险因素	不需要；男性≥45岁，女性≥55岁，大强度运动前应做医学检查	男性≥45岁，女性≥55岁，大强度运动测试应该在医务监督下进行
中度危险	没有症状、有≥2个心血管疾病危险因素	大强度运动前要进行医学检查和运动测试	男性≥45岁，女性≥55岁，大强度运动测试应该在医务监督下进行
高度危险	已知患有心血管、肺或代谢性疾病者，或有一个或多个心血管疾病的症状或体征	全面医学检查	运动健身的开始阶段应有医务监督，并在前6~12次运动中进行心电图和血压监测

综上所述，对于低度危险人群，在开始运动健身之前，不需要进行医学检查；中危人群应避免大强度运动，或者在医务监督下进行运动测试；而高危人群则只能进行中、小强度的体育锻炼，并要进行医学检查和医务监督。在实施运动健身方案的开始阶段，要加强心电图和血压监测，这样可以有效地规避运动健身活动中的心血管风险，大大提高运动健身的安全性。

第三章 运动健身方案制定

体育活动是现代生活方式中增强体质、防治慢性病的最积极手段之一，每个人必须养成良好的体育锻炼习惯。运动是良医，运动要科学。科学的体育锻炼要求体育锻炼者应当遵循运动健身的基本原则，需要制定系统的运动健身方案。运动健身方案一般由运动方式、运动强度、运动时间和运动频率四部分组成。

第一节　运动健身原则

一、安全性原则

安全性原则是指在体育活动过程中要确保体育锻炼者不出现或尽量避免运动伤害事故，这是运动健身的首要原则。不同年龄、不同性别和不同身体机能状况的人，在参与体育活动的全过程，都应当遵循安全性原则。

安全性原则对于老年人群至关重要，这是因为人体进入老年阶段后，随着年龄的增加，身体机能下降，各种运动危险因素开始增多，因此，老年人群在体育锻炼时应做到以下几点：

（1）定期身体机能检查。老年人不仅在开始体育活动之前就应该进行身体检查，而且在长期的体育锻炼过程中，每年都要进行至少一次身体检查，以了解身体机能的变化，科学地调整运动健身方案。

（2）保持稳定的运动负荷。科学的体育锻炼可以提高老年人的身体机能和运动能力，当身体机能和运动能力达到相对稳定水平时，运动健身方案也应当保持相对稳定，不能无限制地增加运动负荷。60岁以后，则要根据身体机能的变化，逐年减小运动负荷。老年朋友们切记：体育锻炼可以延缓机体衰老，但不能阻止机体衰老。

（3）控制运动强度。老年人群实施具体的运动健身方案时，要依照本章第三节介绍的方法，严格控制运动强度，规避运动风险。

上班族人群平时工作繁忙，工作压力大，在体育锻炼时要量力而行。特别是一些平时没有锻炼习惯的朋友，切忌一旦有时间就玩命运动，这种突击性的体育锻炼容易导致运动伤害。

青少年生性活泼好动，喜欢参加各种体育活动，特别是喜欢参加一些对抗性运动，这符合青少年的身心特点，对促进他们的生长发育、养成良好的运动习惯非常有利。但是，也正是由于青少年的身心特点，要重视青少年体育锻炼中运动损伤的预防。青少年在运动前要做好充分的准备活动，进行激烈的对抗性运动时要注意动作要领和自我保护，在整个运动过程中不要打闹或开玩笑。

二、全面发展原则

全面发展是指在运动锻炼中，要使身体各部位、各器官系统的机能水平都得到提高。

身体机能的全面发展既体现在改善心肺功能和免疫能力，又表现在提高有氧运动能力、肌肉力量、柔韧等身体素质。要取得全面发展效果，就应当选择全身主要肌群参与的运动项目，如跑步、游泳、球类运动等。

运动方式要多样化，体育锻炼时，不仅要选择健身走、跑步等有氧运动方式，同时也要选择力量练习、柔韧性练习，在发展心血管、呼吸功能的同时，也要使肌肉力量、柔韧和反应能力得到提高。运动方式多样化可以表现在每周运动健身方案中安排不同的运动内容，如每周一、三、五进行有氧运动，周二、周四进行球类运动，也可在每次体育活动中，安排不同的练习内容，如进行以有氧运动为主的体育锻炼时，在准备活动中安排一些牵拉性练习，以提高柔韧性，在有氧运动后，安排力量练习，提高肌肉力量。

要注意安排不同部位身体机能的协调发展。经常进行以下肢肌肉活动为主的跑步运动时，也要安排足够的上肢肌肉活动，如打篮球、羽毛球等。在进行以单侧活动为主的运动时，如网球、乒乓球、羽毛球等，要注意加强对侧肢体的活动，以确保身体全面发展。

三、超负荷原则

超负荷原则是指人体在体育锻炼中，运动负荷要不断增加。超量恢复是超负荷原则的理论基础。当人体进行一段时间的体育锻炼后，身体机能和运动能力在一定时间内可以超过以前的水平，这种现象称为超量恢复。运动中，只有不断地超过以前的运动负荷，才能使身体机能和运动能力不断提高。

对于青少年人群和刚参加体育锻炼的人来讲，只有坚持超负荷原则，才能不断出现超量恢复，不断提高身体机能。如青少年进行力量练习时，开始卧推的最大负荷为30千克，经过一段时间练习后，力量增加了，当卧推30千克的重量可以重复6~8次时，就可以将负荷增加到35千克，这样不断地增加负荷和重复次数，肌肉力量就会不断提高。如果一直采用30千克的卧推负荷练习几周或几个月，虽然可以保持已经获得的肌肉力量，但不会进一步增加肌肉力量。再如，一个人刚参加体育锻炼时，每天用10分钟的时间步行800米，当锻炼一段时间后，身体适应了这一运动负荷，行走能力有了明显提高，行走的距离要不断增加，可以用15分钟步行1200米、用20分钟步行1600米。以后，可以进一步增加行走速度，用20分钟步行2000米的距离，以此类推，不断增加行走距离和行走速度，最后达到适合自己的运动负荷。

卧推

四、循序渐进原则

如果将超负荷原则理解为不断增加运动强度和运动量的话，那么，循序渐进原则就是科学地、逐步地增加运动强度和运动时间。循序渐进原则强调要根据自己对运动的适应程度，逐渐增加运动负荷，以便使身体机能稳步提高。人体在从事体育锻炼过程中，身体机能的提高需要有一定的过程，因此，运动健身不要急于求成，而是要逐步提高，要确保运动中身体消耗的能量得到恢复，身体疲劳得到消除，身体机能完全恢复并达到超量恢复水平。

循序渐进原则就是要求体育锻炼者在运动后经过足够恢复时间，使身体对运动负荷完全适应，在超量恢复阶段增加运动负荷，取得最佳锻炼效果。如果超负荷原则控制得不好，没有掌握循序渐进原则，运动负荷增加过快，则会引起身体对运动的不适应，使疲劳不断积累，结果造成过度疲劳，不仅不能取得预期效果，而且可能出现伤害事故。

运动员在参加重大比赛前，在连续从事大负荷运动训练后，也要进行减量训练，这也是循序渐进的一种表现，其目的就是为了出现超量恢复，创造优异运动成绩。普通人在体育锻炼时也是一样，只有遵循循序渐进原则，才能使身体机能逐步提高。

五、专门性原则

专门性原则是指根据体育锻炼的目的，选择专门的练习内容，制定运动健身方案，安排体育活动。即想要提高什么，就专门练什么。如体育锻炼的目的是要提高力量，就选择力量练习；如果要提高有氧运动能力，就选择跑步、有氧运动。

我们在日常生活中，常常见到一些年轻女孩儿为了减少腹部周围的脂肪，使肚子变小，每天坚持练习仰卧起坐，试图通过腹部肌肉运动，减少腹部脂肪，结果坚持运动几周或几个月，却没有明显效果。原因就在于没有遵循专门性原则，因为仰卧起坐虽然可以提高腹部肌肉力量，却不能有效地增加脂肪消耗。机体的脂肪消耗具有全身性特点，不可能专门减少某一部位的脂肪。减少脂肪的最有效运动方式是长时间有氧运动，这类运动可以增加体内总体脂肪消耗，当全身脂肪消耗增加时，腹部周围的脂肪才会随着全身脂肪含量的下降而减少，使腰变细。因此，局部肌肉运动不能使局部脂肪组织减少，降低腹部周围脂肪的专项运动不是仰卧起坐，而是慢跑等全身性有氧运动。

六、个性化原则

个性化原则是指要根据每个人的遗传特征、机能特点和运动习惯等制定运动健身方案。在制定运动健身方案时，要进行必要的医学检查和运动能力测试，以便了解每个人的具体情况，使运动健身方案更具个性特征。

同样年龄的人，身体机能不同，运动习惯不同，采用的运动健身方案也不同。例如，同样是60岁的人，一位安静时心率是60次/分，另一位是75次/分，在体育活动时，就不能采用同样的运动心率控制运动强度。

不同的人对相同运动健身方案的反应不同，取得的运动健身效果也不同。因此，在执行运动健身方案时，要充分考虑体育锻炼者的个性特征，使体育活动更有针对性。

第二节　选择运动方式

运动方式是体育锻炼者采用的具体健身手段和健身方法，即具体的运动项目。不同的运动方式具有不同的健身效果。

一、不同运动方式的健身效果

根据不同运动方式的运动特征，我们把众多体育运动项目归纳为有氧运动、力量练习、球类运动和中国传统运动健身方式等几大类，分别介绍这些运动项目的健身效果，供体育锻炼者选择。

（一）有氧运动

有氧运动是指人体在氧气供应充足的条件下，全身主要肌肉群参与的节律性周期运动，如健身走、慢跑、骑功率自行车、登山爬楼梯、游泳等。

有氧运动

有氧运动结构简单、易学，不需要专门的运动器械，便于开展；在进行有氧运动时，没有直接的身体对抗，不容易造成运动损伤；有氧运动可以全面提高身体机能，是目前国内外最受欢迎的运动健身方式。2007年我国群众体育状况调查结果表明，我国经常参加体育锻炼的人群中，有70%以上的人选择有氧运动方式。这种节奏平稳的运动方式特别适合心理状态稳定的中老年人群。有氧运动的不足之处在于运动形式单调，主要是一些重复性动作，不“吸引”人，长时间运动容易使人感到枯燥，青少年一般不喜欢跑步等有氧运动方式。

有氧运动具有以下健身效果：

（1）改善心血管功能。有氧运动可以提高心脏收缩力，使心脏每次收缩射出的血量增多，心率减慢，提高心脏的工作效率；增加心脏毛细血管数量，改善心脏血液供应。

（2）提高呼吸功能。在有氧运动过程中，呼吸运动加强，提高了膈肌、肋间肌等呼吸肌力量，使肺活量和最大通气量明显增加，特别是提高了与有氧运动能力密切相关的最大摄氧量水平。

（3）控制与降低体重。有氧运动是大肌肉群参与的全身性运动，长时间运动时能量消耗多，脂肪参与供能比例增加，降低体内脂肪含量，是最理想的控制或减轻体重的运动方式。

（4）使身材健美。有氧运动可以减少腰部和臀部周围的脂肪组织，使身体曲线更加完美。

（5）增强抗疾病能力。有氧运动可以对免疫功能产生良好影响，增强身体的抗疾病能力。

（6）改善血脂。有氧运动可以降低血液中总胆固醇水平，使血液低密度脂蛋白水平下降，高密度脂蛋白水平提高，对降低甘油三酯也有积极作用。

（7）调节血压。快走等有氧运动可以提高外周血管壁弹性，对降低高血压具有特殊效果；可以通过缓解工作和生活中的压力，调节血压。

（8）改善糖代谢。有氧运动可以增加胰岛素靶细胞对胰岛素的敏感性，提高人体调节糖代谢的能力，对糖尿病具有防治作用。

由于有氧运动可以全面提高人体机能，人们在进行体育锻炼时，应将有氧运动作为基本的运动健身方式。以提高心肺功能、减轻体重、调节血压、改善血脂为主要目的的体育锻炼者，可以首选有氧运动方式。对于中老年人群来说，有氧运动也是最安全的运动方式。

在进行有氧运动时，需要达到一定的运动强度，才能获得上述效果。

以健步走为例，健身走不同于散步，行走速度要快，中老年人进行健步走时，速度应达到80~100米/分，或相当于100~120步/分。

（二）力量练习

力量练习是指人体克服阻力，提高肌肉力量的运动方式。肌肉力量是从事各种体育活动的基础。力量练习包括非器械力量练习和器械力量练习。非器械练习是指克服自身阻力的力量练习，包括俯卧撑、原地纵跳、仰卧起坐等。器械力量练习是指人体在各种力量练习器械上进行的力量练习。

力量练习对人体的良好影响可表现在以下方面：

（1）增加肌肉体积。力量练习可以加强肌肉蛋白质代谢，使肌肉纤维增粗，肌肉体积增大。男性青少年通过力量练习可以使肌肉强壮，体现男子汉的阳刚之美。

（2）提高肌肉力量。肌肉练习可以通过增加肌肉体积和神经系统动员肌纤维参与收缩的能力，提高肌肉力量和工作效率。

力量练习

（3）促进骨骼发育。力量练习时，肌肉收缩对骨骼产生适度的牵拉作用，可以促进骨骼的生长发育，使人体长高。

（4）预防骨质疏松。力量练习可以改善骨代谢，有效地预防绝经期妇女骨质疏松的发生。

（5）提高平衡能力。力量练习通过提高肌肉力量，改善各肌肉群的协调作用，提高人体的平衡能力。

（三）球类运动

球类运动包括具有直接身体接触的球类运动和非直接身体接触的球类运动。前者包括篮球、足球、橄榄球等，后者包括排球、乒乓球、羽毛球、网球、门球、柔力球等。

球类运动趣味性强，适合于青少年

球类运动的趣味性强，特别是通过比赛和对抗提高参与者的运动兴趣。青少年喜欢篮球、足球等对抗性球类运动，而门球和柔力球则更适合中老年人群。球类运动的动作技术相对比较复杂，需要一定的身体素质作为基础，刚参加体育锻炼或身体素质较弱的人，学习和掌握运动技术具有一定的难度。

球类运动一般都是由大肌肉群参与的全身性运动，除可以提高心肺功能外，还具有以下健身效果：

（1）提高肌肉力量。各种球类运动都有明显的发力动作，而且在运动或比赛时，运动技术的充分发挥也有助于肌肉力量的提高，长期球类运动，可以提高四肢和躯干肌肉力量。

（2）提高反应能力。在对抗性球类运动中，球的运行速度快，要求运动者对球场上的瞬息万变迅速做出反应，可以明显提高人体的反应能力。其中乒乓球、羽毛球、篮球、足球等提高反应能力的效果明显。

（3）调节心理状态。在球类运动中，运动技术的完美发挥、与同伴的协调配合、与对手的斗智斗勇，都增加了运动的娱乐性，可以缓解人们在日常工作与生活中的压力，调节人体的心理状态。

球类运动对抗性强，特别是有身体接触的篮球、足球运动，容易出现运动损伤。体育锻炼者运动前要做好充分的准备活动，运动时要注意自身机能变化和自我感觉，及时调整运动强度，量力而行。

以提高心肺功能、肌肉力量、反应速度为主要健身目的的人，可以选择球类运动方式。对慢跑、快走等单调性运动不感兴趣的人，也可以选择球类运动。

（四）中国传统运动健身方式

中国传统运动健身方式主要包括武术和健身气功两大类。具体活动形式包括太极拳、太极剑、木兰拳、木兰剑、武术套路、五禽戏、八段锦、易筋经、六字诀，等等。中国传统运动健身内容博大精深，5000多年前就有通过导引术提高人体健康水平的记载，具有悠久的历史，被视为最早的运动健身方式。

中国传统运动方式柔中带刚，适合中老年人

中国传统运动健身方式动作平缓，柔中带刚，强调意念与身体活动相结合，具有独特的健身养生效果，适合中老年人群。中国传统运动健身方式除了具有提高心血管、免疫功能外，在以下方面健身特点突出：

（1）**提高呼吸功能**。中国传统运动健身方式十分强调呼吸运动，控制呼吸频率，加大呼吸深度，呼吸运动与动作节奏相互配合，特别是运用以膈肌收缩为主的腹式呼吸，加大呼吸幅度，有效提高肺通气和肺换气能力。

（2）**提高平衡能力**。太极拳等运动看似运动绵缓，但强调内功，全身肌肉均参与收缩，长期坚持可以使全身肌肉力量协调发展，提高人体平衡能力。

（3）**提高柔韧性**。中国传统运动方式动作舒展，在提高肌肉力量的同时，关节周围肌肉组织和韧带弹性也增加，关节活动幅度增大，柔韧性明显提高。

（4）**调节心理状态**。武术和气功等健身方式可以通过意念活动对神经系统产生双向调节作用，使人精力旺盛，保持良好的心理状态。

以提高身体平衡能力、柔韧性、协调性和改善心肺功能、调节心理状态为主要健身目的的人，特别是中老年人群，可以选择中国传统运动健身方式。

二、运动方式推荐

不同人参加运动健身的目的不同，选择的运动方式也不同，我们根据以下运动健身目的，向体育爱好者推荐不同运动健身方式，供选择。

（一）增加身体活动量和强身健体

以增加身体活动量和健身强体为主健身目的的体育锻炼者，可以选择自己喜欢的，而且能够长期坚持的运动方式，如有氧运动、球类运动和中国传统健身运动等。

（二）降低和控制体重

如果参加运动健身的主要目的是降低和控制体重，则应选择长时间有氧运动，运动强度不必过大，但要保证足够的运动时间。长时间、中小强度运动可以增加体内脂肪消耗，减少脂肪含量。长时间健身走和慢跑是最理想的减肥运动方式。在进行有氧运动的同时，辅以控制饮食，减肥效果更好。

（三）提高心肺功能

全身性运动可以提高人体的心血管、呼吸功能，其中有氧运动、球类运动对改善心肺功能效果明显。

（四）调节心理状态

太极拳、气功和各种娱乐性球类运动可以调节人体的心理状态，缓解心理压力，改善睡眠。

（五）提高身体素质

身体素质包括肌肉力量、耐力、柔韧性等。青少年处在生长发育阶段，各种身体素质在青少年阶段都有快速发展的敏感期，是提高身体素质的最佳时期。成年人和老年人进行相应的身体素质练习，对全面提高人体健康水平也有积极影响。

1. 提高肌肉力量

力量练习效果与负荷大小和重复次数有关。在进行力量练习时，常用最大重复负荷（RM）表示负荷的大小。最大重复负荷是指在肌肉力量练习时，采用某种负荷时所能重复的最多力量练习次数。如一个人在做哑铃负重臂屈伸时，其最大负荷为20公斤，且只能重复一次，那么，20公斤就是他的负重臂屈伸的1次最大重复负荷（或1RM）。如果他能以15公斤的负荷重复负重臂屈伸6次，那么，15公斤就是他负重臂屈伸的6次最大重复负荷（6RM）。

采用不同的最大负荷重复次数，对提高肌肉力量的效果不同。研究发现，采用3~5次最大重复负荷（3~5RM）可以提高最大肌肉力量；采用6~10次最大重复负荷(6~10RM)，可以提高肌肉力量；采用11~20次最大重复负荷（11~20RM），可以增加肌肉体积；采用20次以上重复负荷（20RM以上），可以发展肌肉耐力。

2. 提高柔韧性

柔韧性是指关节的活动幅度。柔韧性与年龄、性别和体育锻炼有密切关系。女性多数关节部位的柔韧性好于男性，但男性躯干的柔韧性好于女性。成年后，随年龄增长，柔韧性下降，因此，老年人要进行柔韧性练习，以延缓柔韧素质的下降。各种牵拉练习可以明显提高柔韧性，特别是在准备活动和放松活动阶段进行各种牵拉练习，既可以节省体育锻炼时间，又可以取得较好效果。

人体在准备活动后，肌肉温度上升，肌肉、肌腱、韧带组织的弹性增加，黏滞性下降，牵拉效果好。准备活动后，一般采用动力性牵拉方法。牵拉时，先进行小幅度动力牵拉，逐渐增加牵拉幅度，每个部位一般持续牵拉6~12次，或30~60秒。

柔韧性练习

运动后放松活动的牵拉练习一般以静力牵拉为主。静力牵拉幅度可以比动力牵拉大一些。静力牵拉开始时，幅度可以小一些，时间可以短一些，一个牵拉姿势可以维持15秒左右，以后逐渐延长到30秒，牵拉幅度也可以大一些。

各种有氧健身操、健美操、太极拳、健身气功、瑜伽等运动可以提高柔韧性。

3. 提高平衡能力

平衡能力是指机体保持身体和动作稳定性的能力，包括静态平衡能力和动态平衡能力。人体平衡能力与耳、眼、皮肤压力感受器、肌肉本体感受器、肌肉力量和协调用力能力等多因素有关。较好的平衡能力对于完成各种运动技术、提高生活质量具有良好作用，特别是人体进入老年阶段，通过体育锻炼提高平衡能力，可以减少老年人对身体不稳或摔倒的恐惧。因此，老年人要将提高平衡能力作为体育活动的重要内容。

提高平衡能力的专门训练方法包括坐位平衡能力练习、站位平衡能力练习和移动平衡能力练习。

（1）**坐位平衡能力练习**。体育锻炼者坐在椅子或凳子上，做身体前倾、后仰、向两侧侧倾、提膝等练习。如果同时配合手臂的上举、侧举等动作，效果更好。

（2）**站位平衡能力练习**。体育锻炼者取站位，做身体前倾、后仰、向两侧侧倾等练习，同时配合手臂和腿部动作。闭眼重复上述动作可以增加平衡能力的练习难度。

（3）**移动平衡能力练习**。体育锻炼者进行前后走、跨步走练习，进而采用足跟走、足尖走，可以提高人体平衡能力。闭眼重复上述动作同样可以增加练习难度。

平衡能力练习

太极拳（剑）、乒乓球、羽毛球、网球、柔力球等运动也可以提高人体的平衡能力。

4. 提高反应能力

反应是指人体对外界环境变化做出快速反应的能力。提高或保持人体反应能力的运动方式应当以球类运动为主，乒乓球、羽毛球、篮球、足球、网球等均可以提高人体的反应能力。

三、选择运动方式时应注意的问题

在选择运动项目时，要充分考虑到可能影响体育锻炼效果的各种因素，科学、合理地选择运动项目。

（一）年龄状况

不同年龄的人，选择的运动方式往往不同。青少年适合做一些趣味性强的运动和对抗性运动，如健美操、球类运动等；中老年人可选择有氧运动方式，但不适合做身体对抗性过强的运动；同时，中老年人还要考虑自己的身体状况，如高血压患者不宜选择兴奋性较高的运动。

（二）根据健身目的

体育锻炼者在选择运动项目时，要考虑运动项目的健身效果是否与自身的健身目的一致，要根据运动健身的目的确定运动方式。如要增加体力活动量，可以选择任何你喜欢的运动项目；如要促进骨骼发育或预防骨质疏松，则应当选择力量练习和纵跳等运动方式。

（三）根据兴趣爱好

体育锻炼者在选择运动项目时，应当尽量选择自己感兴趣的运动项目。否则，很难长期坚持。如有氧运动是提高心肺功能的最有效方法，但如果对健步走、慢跑等运动没有兴趣，选择游泳、爬山等运动方式，可以达到同样的健身效果。

有时候兴趣爱好要服从于健身目的，如高血压患者最有效的运动方式是健步走。因此，以降低和控制血压为主要目的的体育活动者，即使对健步走没有兴趣，也要选择这种运动方式，在运动中慢慢培养兴趣。

（四）根据动作难度

刚参加体育锻炼时，应当尽量选择一些动作技术相对简单、对运动技能要求不高的运动项目。当身体机能和身体素质逐渐提高后，再选择一些技术难度高的运动项目。如青少年刚参加体育活动时，可以先选择慢跑、广播体操等运动方式，当运动能力提高以后，再选择足球、体操等动作技术难度较大的运动项目。

广播体操

第三节　控制运动强度

运动强度是制定运动健身方案中最重要的内容。运动强度过小，达不到对身体的刺激强度，没有明显的健身效果；运动强度过大，不仅对运动健身无益，还可能造成运动伤害。

运动强度可根据运动对机体的刺激强度和身体对运动的反应程度确定。心率是评定运动强度的简易指标，以有氧运动为例，根据运动中的心率变化可将有氧运动分为小强度运动、中等强度运动和大强度运动。

——**小强度有氧运动：**运动对身体的刺激程度较小，运动中心率一般不超过100次/分，如散步等。

——**中等强度有氧运动**：运动对身体的刺激强度适宜，运动中心率一般在100~140次/分，如健步走、慢跑、自行车运动、太极拳等。运动中主要通过消耗糖原和脂肪供能。

——**大强度有氧运动：**主要指一些强度相对较大的长时间耐力运动。

运动中最大心率超过140次/分，如跑步、快节奏的健身操和快速爬山、登楼梯等。篮球、足球等球类运动中既有大强度运动，又有中等强度有氧运动。

在实施运动健身方案时，要严格控制运动强度，以确保运动健身的安全、有效。一般常有的监控运动强度的简易指标有运动中心率、运动的呼吸变化和运动中自我感觉等。

一、用心率控制运动强度

运动强度越大，心脏和身体对运动刺激反应就越明显，心率也就越快。一般常用最大心率百分数和运动中的实际心率数控制运动强度。

最大心率是指人体运动过程中所能达到的最快心跳频率，用次/分表示。测定最大心率的方法有直接测定法和间接推测法。直接测定法是采用跑台或功率自行车测试，逐渐增加运动负荷至最大负荷，记录运动负荷结束时或运动过程中的最高心率数，即为最大心率。采用直接测定法测定的最大心率，可以客观地反映人体运动时的最大心率数，具有个性特点。体育锻炼者如果有条件，应该到专门机构中采用直接测定法测定最大心率。

人体的最大心率与年龄有关，随着年龄增加，最大心率逐渐减慢，据此，采用下列公式可以间接推算最大心率。

最大心率（次/分）=220−年龄（岁）

用心率控制运动强度时，要考虑年龄、体质状况、锻炼习惯和运动方式等多种因素。以有氧运动方式为例，一般采用60%～70%最大心率范围进行中等强度有氧运动。对于具有一定运动习惯、身体机能较好的人，也可以采用70%～80%最大心率进行大强度有氧运动；而对于初参加体育锻炼或身体机能较差的人，可采用50%～60%最大心率范围进行中小强度有氧运动。

在制定具体的运动健身方案时，要根据每个人的年龄、身体状况、运动能力测定结果，对体育锻炼者的运动能力进行综合评价，确定控制运动强度的心率范围，并在实施运动健身方案中不断调整，以适应个体状况。

例如，一个有运动习惯的60岁男子，运动能力测试表明其身体状况较好，在进行有氧运动时，可采用下列方式推算其在运动中的心率范围，控制运动强度。

最大心率（次/分）=220−年龄（岁）=220−60=160。

由于身体状况较好，且有运动习惯，推荐他进行60%~70%最大心率范围的中等强度有氧运动。

计算运动中心率控制范围：160×（60%～70%）=96～112。因此，他运动中的心率应控制在96～112次/分。

再如，一个没有运动习惯的40岁男子，运动能力测试表明其身体状况较好，推荐他采用下列方式进行有氧运动。在刚参加体育活动的开始阶段，采用50%～60%最大心率范围进行有氧运动；当进行一段时间运动（一般为6～8周），身体适应后，提高运动强度，采用60%～70%最大心率范围，进行有氧运动强度。该男子运动心率范围的计算方法为：

最大心率（次/分）=220–年龄（岁）=220–40=180。

开始阶段的运动心率范围为50%～60%最大心率，相当于90～108次/分；

适应阶段的运动心率范围为60%～70%最大心率，相当于108～126次/分。

在体育锻炼过程中，有两种方法监测运动中心率。一是采用心率测试表监测运动过程中的心率变化，心率测试表可在专门的运动健身器材商店购买，监测方法可参见说明书。二是测定运动中或运动结束后即刻10秒的桡动脉或颈动脉脉搏，乘以6，即为运动中心率。例如，在慢跑后即刻，测定的脉搏次数为20次/10秒，乘以6，等于120，表示慢跑运动中的心率为120次/分。

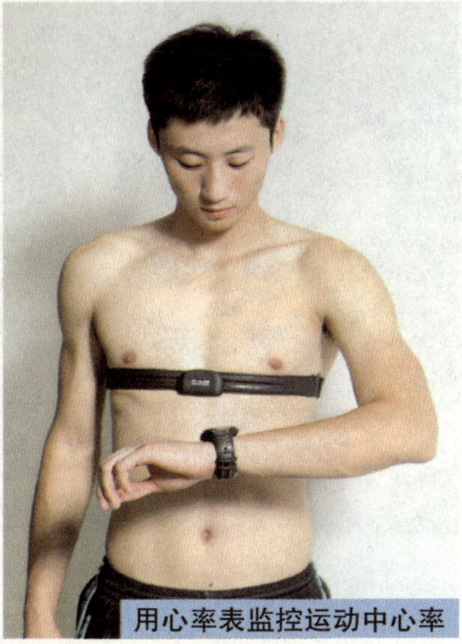
用心率表监控运动中心率

运动后颈动脉脉搏测定示意图

运动后桡动脉脉搏测定示意图

二、用呼吸变化控制运动强度

研究发现，运动中呼吸频率和呼吸深度的变化与运动强度有关，而且运动中的呼吸变化也与心率变化有关，因此，可以根据运动中的呼吸变化控制运动强度。呼吸的轻松和困难程度与呼吸频率和呼吸深度有关，呼吸越快、越深，呼吸越困难；同时，呼吸的轻松与困难程度又与运动中的语言表达状况有关，因此，可以根据运动中呼吸的轻松和困难程度与语言表达状况作为控制运动强度的依据。如果体育锻炼者没有条件监测运动中心率变化，可以根据运动中的呼吸变化控制运动强度。

运动中可以正常与人交流为中等强度运动

（1）**呼吸轻松：**与安静状态相比，呼吸频率和呼吸深度变化不大，运动中可以正常唱歌。这种呼吸状态下的运动心率一般在100次/分以下，相当于小强度有氧运动。这种强度的运动可持续2小时以上。

（2）**呼吸比较轻松：**运动中呼吸深度和呼吸频率增加，但可以表述完整的句子，与人正常交流。运动心率相当于100～120次/分，为中等强度有氧运动。这种强度的运动可持续1小时左右。

（3）**呼吸比较急促：**运动中，正常讲话受到一定程度影响，只能讲短句子，不能完整表述长句子。运动心率相当于130～140次/分，为中等强度偏上的运动。这种强度的运动可持续30分钟左右。

（4）**呼吸急促：**运动中呼吸困难，但思维清楚。由于呼吸急促，运动中无法与人交谈。运动心率达到150～160次/分，为大强度运动。这种强度的运动只能维持15分钟左右。

（5）**呼吸非常急促：**运动中上气不接下气，表现为呼吸非常困难。运动心率高达170～180次/分，接近个人的最大强度。从事这种强度的运动不应超过5分钟。

三、用主观体力感觉控制运动强度

人体运动过程中，身体主观感觉与心率和运动强度有密切关系，因此，可以根据主观体力感觉控制运动强度。博格先生通过大量实验证实运动过程中心率、最大摄氧量、能量消耗、呼吸频率、肌肉疲劳程度与主观体力感觉之间的关系，并建立了主观体力感觉等级表，以综合反映包括生理变化和心理变化在内的主观体力感觉，用于评定运动强度。

人体运动过程中的主观体力感觉可分为6～20个等级（表3–1），6级为正常安静状态下的感觉。小强度运动的主观体力感觉为10～11级，中等强度运动为12～14级，大强度有氧运动为15～16级，剧烈运动为17～19级，力竭状态下的主观感觉为20级，无法继续坚持运动。

表3–1 主观体力感觉等级表

自我感觉	等级
根本不费力	6
	7
极其轻松	8
很轻松	9
	10
	11
轻　松	12
	13
稍　累	14
	15
累	16
	17
很　累	18
极　累	19
力　竭	20

主观体力感觉等级与运动心率密切相关。研究证实，运动过程中的主观体力感觉等级数乘以10，即相当于运动中的心率（次/分）。例如，运动中主观体力感觉等级数为12，即相当于运动中的心率为120次/分。

体育锻炼者可以通过主观体力感觉控制运动强度。一般来讲，在进行中等强度有氧运动时，主观体力感觉可保持在12～14级，即运动中感觉比较轻松或比较累。

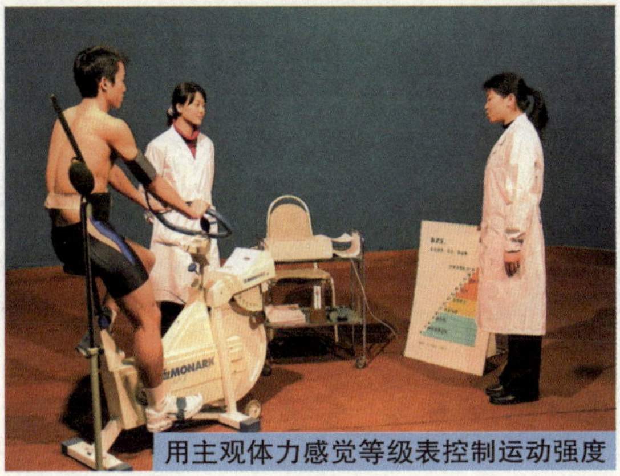

用主观体力感觉等级表控制运动强度

四、根据运动习惯控制运动强度

经常参加体育活动的人，已经养成了良好的运动习惯，有自己固定的运动模式，因此，可以按照自己以往的运动模式安排体育活动。例如，有长跑运动习惯的人，平时在标准田径场进行跑步运动，运动强度相当于3分钟跑一圈（400米），每天跑5000米，每周跑3次，每3分钟跑一圈就是他习惯的运动强度，每天跑5000米就是他适宜的运动量，他可以按照这样的运动负荷坚持体育锻炼。

根据运动习惯控制运动强度时，一定要注意自身的机能状态，如果身体有不舒服的感觉，要及时调整运动强度或暂时停止运动。另外，对于中老年人来说，随着年龄的增加，身体机能开始下降，特别是身体承受运动负荷的能力开始下降，因此，运动强度也要逐年降低。

五、力量练习时的运动强度控制

在进行力量练习时，一般常用负荷重量作为评定运动强度的指标。负荷重量越大，运动强度也就越大。例如，一个人卧推的最大负荷重量为40千克，那么，40千克就是他卧推的最大负荷重量，20千克则是他的卧推小负荷重量。按照这样的划分方法，可把力量训练强度分为最大强度力量训练、大强度力量训练、中等强度力量训练和小强度力量训练。

不同负荷重量对提高肌肉力量的效果不同，每种负荷重量的重复次数、练习组数、组与组之间的间歇时间也不同（表3–2）。一般来讲，负荷重量越大，重复次数越少，组与组之间的间歇时间越长。

表3–2　不同力量练习强度提高肌肉功能的效果

运动负荷	重复次数（RM）	重复组数	间歇时间	效果
最大强度	1～5	2～3	2～3分钟	发展最大肌肉力量
大强度	6～10	2～3	1～2分钟	提高肌肉力量
中等强度	11～20	2	1～2分钟	增加肌肉体积
小强度	21以上	2	1分钟	发展肌肉耐力

力量练习常见的负荷重量相当于8～12RM。

（1）最大强度力量练习。采用最大负荷重量，相当于1～5RM，每种负荷重量的重复次数不超过5次，每个部位的最大强度力量练习重复3组，组与组间歇时间为2～3分钟。最大强度力量练习主要是发展最大肌肉力量。

不同的力量负荷具有不同的训练效果

（2）大强度力量练习。采用大负荷重量，相当于6～10RM，每种负荷重量的重复次数为6～10次，每个部位重复2～3组，组与组间歇时间为1～2分钟。主要作用大强度力量练习是发展肌肉力量。

（3）中等强度力量练习。采用11～20RM负荷，每种负荷重量的重复次数为10～20次，每个部位重复3组，组与组间歇时间1分钟。主要作用是增加肌肉体积，使肌肉粗壮。

（4）小强度力量练习。一般采用20RM以上负荷，每种负荷重量重复20次以上，每个部位重复2组，组与组间歇时间1分钟，主要作用是发展肌肉耐力。

第四节　运动时间

运动时间是指每次体育活动的持续时间。运动时间和运动强度决定了一次体育活动的总运动量。体育锻炼只有达到一定的总运动量，才能取得明显的健身效果。运动时间过短对提高身体机能效果甚微；而运动时间过长，则容易造成疲劳累积，也不会进一步增加健身效果。研究发现，产生健身效果的运动时间不能少于5分钟，而体育锻炼的有效运动时间最好不要超过1小时。

进行中小强度运动时，需要足够长的运动时间；而进行大强度运动时，运动时间相对较短。在体育锻炼的初期，运动时间较短；经过一段时间的体育锻炼对运动产生适应后，可以延长运动时间。

运动时间也与从事的运动项目有关。进行持续性有氧运动时，运动时间可以长一些；进行力量、速度运动时，运动时间可以短一些。在进行一些球类运动项目时，如网球、羽毛球、门球等，由于运动中有一定的间歇时间，因此，运动过程的时间可以长一些，但有效运动时间最好也不要超过1小时。

对于经常参加体育锻炼的人，我们推荐每天有效运动时间为30~60分钟。进行中等强度有氧运动时间应该在30分钟以上，进行大强度的运动时间为20～25分钟。

第五节　运动频度

运动频度是指每周参加体育活动的次数。从运动生理学角度分析，每周只进行1天体育活动，虽然会使身体机能有所改善，但这种健身效果不能持续积累，而且由于间隔时间较长，每次运动后都有比较明显的肌肉酸痛症状和疲劳感觉，对增强体质的作用不大；每周进行2天体育活动，可以提高身体机能或保持已经获得的运动效果；每周进行3天或3天以上的体育活动，运动健身效果明显，养成运动习惯后，从事同样的运动方式和运动强度，没有明显的疲劳感。

研究发现，进行一段时间的体育活动后，由于某些原因中止了体育锻炼，那么，已有的运动健身效果会逐渐消失。运动健身效果的消失速度大约相当于获得效果的1/3，因此，体育锻炼要持之以恒。

综上所述，我们推荐有运动健身习惯的成年人每周进行150分钟以上的中等强度有氧运动，或75分钟以上的大强度有氧运动。这相当于每天进行30～60分钟的中等强度有氧运动，每周运动3～5天，或每天进行20～25分钟的大强度有氧运动，每周运动3天以上。

第四章 不同年龄人群运动健身方案

不同年龄人群具有不同的生理、心理特点，所建立的运动健身方案也有所不同。在了解和掌握运动方式、运动强度、运动时间和运动频度等方面的基本知识后，我们在本章分别介绍青少年、成年人和老年人的运动健身方案。

第一节　一次运动健身活动的基本内容

一次完整的运动健身活动至少应包括准备活动、基本活动和放松活动三部分内容（表4-1）。

表4-1 一次运动健身活动的基本内容及安排

活动构成	主要活动内容	活动时间（分钟）
准备活动	慢跑、全身关节活动、牵拉练习	5～10
基本活动	有氧运动、力量练习、球类活动、中国传统健身方式	30～60
放松活动	行走、慢跑、牵拉练习	5～10

一、准备活动

准备活动是指主要运动健身活动开始前的各种身体练习。准备活动的主要作用是预先动员心肺、肌肉等器官系统的机能潜力，以尽快适应即将开始的各种健身活动，以获得最佳运动健身效果。

准备活动的时间一般为5～10分钟，主要包括两方面内容。一是进行适量的有氧运动，如快走、慢跑等，使身体各器官系统“预热”，提前进入工作状态；提高肌肉温度，降低肌肉、韧带黏滞性，提高工作效率。二是进行各种牵拉练习，增加关节活动度，提高肌肉、韧带等软组织弹性，预防肌肉损伤。

在准备活动阶段进行的牵拉练习应以动力性牵拉为主，牵拉部位要与进行运动健身活动的肌肉关节部位相一致。开始牵拉时，动作要缓慢，幅度要小，以后逐渐增加牵拉幅度。

以慢跑作为准备活动

在进行中等强度以上的有氧运动前，都要进行充分的准备活动，而在进行小强度体育锻炼时，如步行等，则没有必要进行固定模式的准备活动。在进行力量练习前，除进行小强度有氧运动和牵拉练习外，还要做一些小负荷的力量练习，作为专项准备活动的内容。

准备活动中的牵拉练习

二、基本活动

基本活动是指每次体育锻炼的主要运动健身方式，包括有氧运动、力量练习、球类运动、中国传统运动健身方式。基本活动的持续时间一般为30～60分钟。在一次运动健身活动中，需要选择合适的运动方式、确定适宜的运动强度和控制合适的运动时间，我们在第三章中对这些内容作了详细的介绍。

表4-2概括了不同运动健身方式的强度范围、持续时间和运动频度。

表4-2 不同运动健身方式的强度范围、持续时间和运动强度

运动项目	运动强度	运动时间（分钟）	运动频率（天/周）
散步 游戏 家务活动	小	30分钟或以上	7
快走 慢跑 游泳 自行车 扭秧歌	中	30分钟或以上	5～7
跑步 快节奏健美操	大	20分钟或以上	2～3
太极拳 气功 瑜伽	中	30分钟或以上	3～7
篮球 足球 网球 羽毛球 乒乓球	中、大	40分钟或以上	3
力量练习	中（8～12RM）	10分钟或以上	2～3
牵拉练习		5～10分钟	3～7

三、放松活动

放松活动是指主要运动健身活动后进行的各种身体活动，主要包括行走（或慢跑）等小强度活动和各种牵拉练习。放松活动的主要目的是使身体各器官系统机能，逐渐从运动状态恢复到安静状态。

人体在运动过程中，血液循环加强，血液主要流向参与工作的骨骼肌组织。骨骼肌有节律的收缩、放松活动，加速血液流回心脏，以确保氧气运输、营养物质供应和代谢产物排除。如果在健身活动后，立即停止运动，由于下肢肌肉血管失去了骨骼肌节律性收缩与放松的“挤压”作用，会使大量血液滞留在下肢血管，造成流向脑组织的血流量减少，出现头晕、恶心等脑组织缺血、缺氧症状。同时，血液滞留在血管中，也不利于乳酸等运动代谢产物的排除，造成身体恢复时间延长。因此，在进行中等强度运动后，做一些适度活动，有助于消除疲劳，减轻或避免身体出现一些不舒服症状。

放松活动

运动后做一些牵拉性练习，可以改善局部组织血液循环，加速代谢产物排除。从发展柔韧性角度讲，运动后肌肉温度增加，黏滞性下降，有利于提高身体柔韧性。在放松活动阶段进行的牵拉练习应以静力牵拉为主，牵拉幅度可以大一些。

第二节　青少年运动健身方案

青少年处于生长发育阶段，是学习和掌握运动技能的最好时期，青少年参加体育锻炼不仅可以增强体质，提高健康水平，而且有助于智力的发展和学习成绩的提高。青少年阶段养成的运动健身习惯可以一直保持到老年，使人终身受益。

一、运动方式

青少年可以参加各式各样的体育活动，以掌握更多的运动技能。运动方式要符合青少年的生长发育特点和生理心理特征，活动形式要多样化，要尽量选择使全身各器官、系统均参与的运动，以促进身体机能的全面提高。

青少年每天都要进行有氧运动。有氧运动形式众多，青少年可以根据自己的兴趣爱好选择，即可以选择中等强度有氧运动，如健步走、远足、游泳、骑车、爬山、划船、轮滑等，也可以选择大强度运动，如跑步、快节律健美操、跳绳、篮球、足球、橄榄球、羽毛球等。

健美操

青少年在确保每天参加体育锻炼的前提下，每周至少应进行三天大强度运动，这对提高青少年体质非常重要。跑步虽然是一项单调性运动，运动的趣味性不高，但却是全面提高青少年身体素质的重要运动方式，是青少年每周必练的运动项目。

青少年是发展肌肉力量的黄金时期。力量练习应作为促进青少年身体机能全面发展的运动健身方案的重要组成部分，应高度重视。力量练习不仅可以增加肌肉力量和肌肉块儿，而且可以促进骨骼发育、提高心肺功能。力量练习的方式和负荷要根据年龄确定。

儿童阶段最好不要进行专门的器械力量练习，而是选择一些具有力量练习特点的运动方式，如跳绳、投掷网球、各种游戏等。儿童可以选择专门为他们设计的力量练习方式，如各种拉力带等。儿童每次专门力量练习时间不要超过10分钟，每周不要超过两次。

跳绳可提高下肢力量

青少年可以进行多种力量练习，包括徒手力量练习和器械力量练习，如仰卧起坐、俯卧撑、引体向上等徒手力量练习，各种哑铃练习、综合力量练习器等。

青少年进行专门力量练习时要注意全面发展，使身体各部分肌肉都得到提高。要根据运动健身目的确定力量负荷（见表3-2），一般常采用10～20RM负荷，每种负荷强度重复2～3组，每周进行2～3次力量练习。

登山、登楼梯、健美操、投掷、各种球类运动等对发展肌肉力量均产生积极作用，可作为青少年提高肌肉力量的练习内容。

青少年肌肉等软组织弹性好，适合进行各种柔韧性练习。青少年既可以在各种体育活动中发展柔韧性，也可以通过各种专门的牵拉练习提高柔韧性。

二、运动强度

有良好运动习惯和身体机能好的青少年可以从事各种强度的运动。运动时根据自我感觉控制运动强度，比较累、累都属于青少年参加体育活动的正常感觉，但这种症状在第二天基本消失。

青少年在参加体育比赛或参加重要的体育加试前，最好先进行医学检查和运动能力测试，以规避运动风险。

刚参加体育锻炼或身体机能较差的青少年，运动时要遵循循序渐进的原则，不要急于求成。

青少年运动过程中疲劳产生快，消除也快，这是由青少年的生理、心理特点所决定的。在进行大强度运动时，如果感到非常累，可有意识地降低运动强度，或暂时休息一下，身体机能恢复后，再继续运动。如男孩踢足球时，由于剧烈奔跑而出现气喘吁吁、身体非常疲劳时，可降低运动速度，疲劳症状缓解后，再继续进行大强度运动；女孩在进行健美操运动时，也是采用同样的方法，当一套快节奏健美操完成后，主动休息和调整片刻，再进行下一套快节奏运动。

三、运动时间

青少年每天至少进行1小时体育锻炼，如果条件允许，可以增加体育活动时间。研究表明，每天进行2～3小时体育活动，对促进青少年生长发育和身体健康都会产生良好影响。以减少脂肪堆积、降低体重为主要目的的青少年，每天有效运动时间不能少于1.5小时。

四、运动频度

青少年每天必须参加体育锻炼。

第三节　成年人运动健身方案

随着现代科学技术的快速发展和生活方式的改变，成年人日常体力活动明显减少，例如，现代都市人多以静坐工作方式为主；每天开车上班，乘电梯上楼；看电视成为主要的娱乐方式。这种多坐少动的生活方式是导致高血压、血脂异常、糖尿病、肥胖症等慢性病发病率增加的重要原因。因此，成年人要增加体力活动，将体育锻炼作为重要的日常生活方式，至少掌握一种以上的运动技能，经常参加体育锻炼。

一、成年人运动健身指南

（一）有氧运动

有氧运动是成年人最常见、最有效的运动方式。在进行中等强度有氧运动时，可将运动强度控制在60%～70%最大心率范围，或相当于主观体力感觉12～14级；在进行大强度有氧运动时，可将运动强度控制在70%～80%最大心率范围，或相当于主观体力感觉15～16级。成年人可采用以下三种方式进行有氧运动。

（1）中等强度有氧运动。每周进行150分钟以上的中等强度有氧运动；每天运动30分钟或以上，每周运动5天。

（2）大强度有氧运动。每周进行75分钟以上的大强度有氧运动；每天运动25分钟或以上，每周运动3天。

（3）交替性有氧运动。每周交替进行中等强度、大强度有氧运动，如每周一、三、五进行30分钟或以上的中等强度有氧运动，每周二、四进行25分钟或以上的大强度有氧运动。

对于身体机能状况好且有良好运动习惯的人，每周进行300分钟中等强度有氧运动，或150分钟大强度有氧运动，健身效果更明显。不仅可以增强体质、防治高血压、血脂异常、糖尿病等慢性疾病，而且可以有效地提高机体免疫功能，对于预防乳腺癌、结肠癌等顽症也有积极作用。

对于控制或降低体重的成年人来讲，每天进行60分钟有氧运动，可以控制体重的增加；每天进行90分钟以上的有氧运动，可以减少体内脂肪含量，使体重下降；如果在运动的同时，配合控制饮食，降低体重效果更明显。

（二）力量练习

人体进入成年阶段，随年龄的增加，肌肉力量开始下降，因此，成年人要通过各种力量练习保持肌肉功能，延缓肌肉力量的下降速度，提高工作效率和生活质量。

成年人力量练习要做到全面发展，要使上下肢肌肉、胸部肌肉、腰背部肌肉、腹部肌肉等各部位肌肉功能都得到提高。在安排肌肉力量练习顺序时，先进行大肌肉群练习，后进行小肌肉群练习；先进行多关节肌肉群练习，后进行单关节肌肉群练习。

成年人力量练习的负荷强度相当于60%～70%最大负荷，重复8～12次，以保持或提高肌肉力量。例如，一个成年人的负重臂屈伸最大负荷为10千克，他可以采用6～7千克的负荷强度，每个部位重复8～12次为一组，每天重复2～3组。也可以进行小负荷（20RM以下）、多重复的力量练习方法，发展肌肉耐力。每天力量练习后，至少要有2天的恢复时间，以促进体内蛋白质合成和身体机能恢复。成年人每周可进行2～3次力量练习。成年人肌肉力量方法详见表3–2。

（三）柔韧性练习

成年人保持高水平柔韧性不仅有利于各种高难度运动技术的完成，如网球、高尔夫球、太极拳、瑜伽等，而且可以减少运动损伤发生概率，对预防日常生活中的意外损伤也有积极作用。

成年人在进行柔韧性练习时，要重点提高肩关节、肘关节、腕关节、髋关节、膝关节、踝关节等主要活动关节的运动幅度。每周至少进行2～3天的牵拉性练习，也可以每天进行。在一项完整的运动健身方案中，练习柔韧性并不需要花费很多时间，可在准备活动或放松活动中安排牵拉练习。每次柔韧性练习可控制在10分钟之内。静力性牵拉时，保持牵拉动作15～60秒，每天重复3～4次；动力性牵拉时，动作要缓慢，牵拉要适度，不要由于过分牵拉造成肌肉组织拉伤。

身体练习

身体练习

二、成年人体育锻炼初期运动健身方案

成年人刚参加体育锻炼时，运动负荷要小，运动时间要短，要使身体逐渐适应运动负荷，运动能力逐步提高。增加运动负荷的原则是先增加运动时间，再增加运动频度，即每周运动的天数，最后增加运动强度。

——第1～2周运动健身方案

刚开始运动健身计划时，应选择轻松的运动方式，如有氧运动选择健步走，然后做适度的牵拉练习，运动后有舒适的疲劳感，疲劳感觉在第二次运动前基本消失。

运动方式：中等强度有氧运动、柔韧性练习。

运动强度：55%最大心率，轻度牵拉练习。

运动时间：每次有氧运动10～20分钟，2～3分钟牵拉练习。

运动频度：每周运动3天。

——第3～4周运动健身方案

这一阶段的运动健身方案，主要是增加运动时间，包括有氧运动时间和柔韧性练习时间。

运动方式：中等强度有氧运动、柔韧性练习。

运动强度：55%最大心率，轻度牵拉练习。

运动时间：每次有氧运动20～30分钟，3～5分钟牵拉练习。

运动频度：每周运动3天。

——第5～6周运动健身方案

在这一阶段，继续增加运动时间，开始增加运动频度，有氧运动强度有所提高。

运动方式：中等强度有氧运动、柔韧性练习。

运动强度：55%～60%最大心率，轻度牵拉练习。

运动时间：每次有氧运动25～35分钟，5～8分钟牵拉练习。

运动频度：每周运动3～4天。

——第7～8周运动健身方案

在这一阶段，增加了力量练习内容，运动时间和运动强度继续增加。第一次力量练习后，可能会出现肌肉酸痛等不舒适症状，这是力量练习后的正常肌肉反应，力量练习后1周自行消失。

可以继续原来的有氧运动方式，也可以选择其他有氧运动方式，如爬山、远足、慢跑、游泳等。

运动方式：中等强度有氧运动、力量练习、柔韧性练习。

运动强度：有氧运动强度相当于60%最大心率；力量练习采用60%~70%最大负荷，每组重复4～6次；适度牵拉练习。

运动时间：每次有氧运动30～40分钟，4～6种（或4～6个部位）肌肉力量练习，各做1组，5～10分钟牵拉练习。

运动频度：每周运动3～4天。

三、成年人体育锻炼中期运动健身方案

从事8周运动健身活动后，各器官系统已基本适应运动初期的运动负荷，身体机能和运动能力有所提高，可进入中期运动健身方案，继续增加运动强度和运动时间。

——第1～3周运动健身方案

在这一阶段，中等强度有氧运动时间可以达到每周150分钟以上，使机体能够适应中等强度有氧运动。

运动方式：中等强度有氧运动、力量练习、柔韧性练习。

运动强度：有氧运动强度相当于60%～65%最大心率；力量练习采用60%～70%最大负荷，每组重复6～8次；适度牵拉练习。

运动时间：每次运动30～50分钟，6～8种肌肉力量练习，各重复1～2组，进行5～10分钟牵拉练习。

运动频度：每周运动3～4天。

——第4～6周运动健身方案

在这一阶段，运动健身方案中增加了大强度有氧运动，刚开始大强度有氧运动时，身体可能有些不适应，因此，在这一阶段的大强度有氧运动，每周不要超过1次。

运动方式：中等强度或大强度有氧运动、力量练习、柔韧性练习。

运动强度：中等强度有氧运动相当于60%～70%最大心率，大强度有氧运动相当于70%～75%最大心率；力量练习采用60%～70%最大负荷，每组重复8～12次；适度牵拉练习。

运动时间：每次有氧运动30～50分钟，8种肌肉力量练习，各重复1～2组，5～10分钟牵拉练习。

运动频度：每周运动3～5天。其中有1天进行大强度有氧运动。

——第7～8周运动健身方案

运动方式：中等强度或大强度有氧运动、力量练习、柔韧性练习。

运动强度：中等强度有氧运动相当于60%～70%最大心率，大强度有氧运动相当于75%最大心率。力量练习采用60%～70%最大负荷，每组重复8～12次；适度牵拉练习。

运动时间：每次有氧运动30～60分钟，8～10种肌肉力量练习，各重复2组，5～10分钟牵拉练习。

运动频度：每周运动3～5天。其中有1～2天进行大强度有氧运动。

在这一阶段，运动健身方案内容基本固定，为建立成年人长期稳定的运动健身方案做准备。

成年人运动健身

四、成年人体育锻炼长期运动健身方案

当身体机能达到较高水平、养成良好运动习惯后，成年人需要建立稳定的、适合自身特点的运动健身方案。成年人长期稳定的运动方案至少应包括：每周进行200～300分钟的中等强度有氧运动，或100～150分钟的大强度有氧运动；每周进行2～3次力量练习；每周进行不少于2～3次的牵拉练习。

运动方式：中等强度或大强度有氧运动、力量练习、柔韧性练习。

运动强度：中等强度有氧运动相当于60%～70%最大心率，大强度有氧运动相当于70%～80%最大心率；力量练习采用60%～70%最大负荷，每组重复8～12次；各种牵拉练习。

运动时间：每次有氧运动30～60分钟，8～10种肌肉力量练习，各重复2～3组，每次运动均进行5～10分钟牵拉练习。

运动频度：每周运动5天。大强度运动每周不超过2天。

成年人在安排有氧运动时，可参照本节“成年人运动健身指南”中的有氧运动部分。

第四节　老年人运动健身方案

“运动永远不晚”。老年人参加体育活动对身体机能、心理状态和社会行为均产生良好影响。同时，体育锻炼对老年人心脏病、高血压、血脂异常、骨质疏松、II型糖尿病、肥胖等慢性病均有明显防治效果。

一、老年人运动健身指南

人体进入老年阶段，随着年龄增加，各种身体机能开始下降，体育活动可以延缓人体的衰老过程，提高生活质量。值得注意的是，虽然体育锻炼可以延缓人体衰老，却不能阻止人体衰老。不同年龄的人，对同样运动的适应性和反应不同。如健步走对65岁的人来讲，可能是中等强度运动，而对80岁的人，则可能是大强度运动。因此，对于老年人的运动健身，要特别强调运动强度的控制。人到老年后，运动强度要逐年减小，运动时间要逐年缩短。

老年人不要选择身体接触对抗性较强的运动项目，如篮球、足球等，以避免运动损伤。在参加非身体接触对抗性运动时，如打网球、羽毛球、乒乓球时，最好不要进行激烈的比赛。即使身体状况允许，能够参加比赛，也要放松心态，不在乎输赢，以免由于比赛时情绪激动，出现意外运动伤害。

老年人要有规律地参加体育活动，每天的运动时间和每周的运动天数要保持相对稳定，不要随意改变运动习惯，更不要盲目增加运动强度和运动时间。

（一）有氧运动

有氧运动是老年人最安全的运动方式。老年人最好选择相当于中等强度的运动方式，严格控制运动强度。例如，老年人进行中等强度有氧运动时，心率应控制在60%～70%最大心率。一个有良好运动习惯的老年人每周可进行150分钟以上的中等强度运动，每天运动30分钟或以上，每周运动5天。老年人最好不要进行大强度有氧运动，如果老年人有从事大强度有氧运动的习惯，也要量力而行，每天运动20～25分钟，每周大强度运动不要超过2天。

（二）力量练习

老年人力量练习方法与成年人基本相同，练习部位包括下肢肌肉、上肢肌肉、腰背部肌肉和腹部肌肉等部位。运动形式包括器械力量练习和徒手力量练习。进行器械练习时，可采用小负荷、多重复的练习方法，每种力量练习内容重复8～12次，肌肉感觉比较舒适为宜。老年人不要进行大负荷力量练习。

老年人可使用拉力器、拉力带等进行力量练习，还可以采用登山、登楼梯等运动方式代替专门力量练习。

老年人力量练习频度要低于成年人，每次力量练习后至少要有2天以上的恢复时间，每周力量练习2～3次。

（三）柔韧性练习

老年人的柔韧练习方法与成年人相似。牵拉幅度要比成年人小，用力要轻。每周应进行2～3天牵拉练习，也可每天进行柔韧性练习。每次柔韧性练习可控制在10分钟之内。

（四）平衡能力练习

随着年龄的增加，老年人平衡能力下降，在日常生活中摔倒的概率增加。因此，老年人要加强平衡能力练习，特别是要加强下肢平衡能力练习。

二、老年人体育锻炼初期运动健身方案

老年人无论什么时候启动运动健身计划，都要做医学检查和运动能力测试。在体育锻炼的初期，运动时间要短，运动强度要小。增加运动负荷的原则是先增加运动时间，再增加运动频度，最后增加运动强度。

——第1～2周运动健身方案

运动方式：中等强度有氧运动、柔韧性练习。

运动强度：50%最大心率，轻度牵拉练习。

运动时间：每次有氧运动10～15分钟，2～3分钟牵拉练习。

运动频度： 每周运动3天。

老年人在刚开始运动健身方案时，更应体现安全、轻松。如选择散步或健步走等中小强度有氧运动方式，做轻度牵拉练习，运动中严格控制运动强度，运动后要注意自身感受。运动后当天身体有舒适疲劳感，这种感觉在第二次运动前基本消失。

——第3～4周运动健身方案

这一阶段主要是增加运动时间，包括有氧运动时间和柔韧性练习时间。

运动方式： 中等强度有氧运动、柔韧性练习。

运动强度： 50%最大心率，轻度牵拉练习。

运动时间： 每次有氧运动20～25分钟，3～5分钟牵拉练习。

运动频度： 每周运动3天。

——第5～7周运动健身方案

在这一阶段，继续增加运动时间，运动频度和运动强度也有所增加。

运动方式： 中等强度有氧运动、柔韧性练习。

运动强度： 50%～55%最大心率，轻度牵拉练习。

运动时间： 每次有氧运动25～30分钟， 5～8分钟牵拉练习。

运动频度： 每周运动3～4天。

——第8～10周运动健身方案

在这一阶段，运动健身方案的主要变化是增加了力量练习内容，运动时间和运动强度继续增加。第一次力量练习后，可能会出现肌肉酸痛等不舒适症状，这是力量练习后的正常肌肉反应，一般在一周后自行消失。

老年人可以继续原来的有氧运动方式，也可以选择其他有氧运动方式，如远足、游泳等。

运动方式： 中等强度有氧运动、力量练习、柔韧性练习。

运动强度： 有氧运动负荷相当于55%～60%最大心率；力量练习采用50%～60%最大负荷，每组重复4～6次；适度牵拉练习。

运动时间： 每次有氧运动30～40分钟，4～6种肌肉力量练习，各做1组，5分钟牵拉练习。

运动频度： 每周运动3～4天。

老年人运动健身

三、老年人体育锻炼中期运动健身方案

从事8～10周运动健身活动后，身体机能和运动能力已适应体育锻炼初期的运动负荷，应当增加运动强度和运动时间。

——第1～3周运动健身方案

在这一阶段，中等强度有氧运动时间要保持每周150分钟以上，使机体能够适应中等强度有氧运动。增加了平衡能力练习内容，具体练习方法见第三章第二节。

运动方式：中等强度有氧运动、力量练习、平衡能力练习、柔韧性练习。

运动强度：有氧运动负荷相当于60%～65%最大心率；力量练习采用50%～60%最大负荷，每组重复6～8次；2组平衡能力练习；适度牵拉练习。

运动时间：每次有氧运动30～45分钟，6～8种肌肉力量练习，每天重复1～2组，平衡能力练习5分钟，5～8分钟牵拉练习。

运动频度：每周运动3～4天。

——第4～6周运动健身方案

运动方式：中等强度有氧运动、力量练习、平衡能力练习、柔韧性练习。

运动强度：有氧运动负荷相当于60%～65%最大心率；力量练习采用50%～60%最大负荷，每组重复8～10次；2～3组平衡能力练习；适度牵拉练习。

运动时间： 每次有氧运动30～50分钟，8种肌肉力量练习，每天重复1～2组；平衡能力练习5～10分钟，5～10分钟牵拉练习。

运动频度： 每周运动3～4天。

——第7～10周运动健身方案

在这一阶段，运动健身方案内容基本固定，为建立老年人长期稳定的运动健身方案做准备。

运动方式： 中等强度有氧运动、力量练习、平衡能力练习、柔韧性练习。

运动强度： 有氧运动负荷相当于60%～70%最大心率；力量练习采用50%～60%最大负荷，每组重复8～12次；2～4组平衡能力练习；适度牵拉练习。

运动时间： 每次有氧运动30～50分钟，8种肌肉力量练习，每天重复2组；平衡能力练习5～10分钟，5～10分钟牵拉练习。

运动频度： 每周运动3～5天。

四、老年人体育锻炼长期运动健身方案

当老年人适应体育活动后，身体机能达到相对稳定状态，需要保持较为稳定的运动负荷。老年人长期稳定的运动健身方案应包括：每周150～300分钟中等强度有氧运动；每周2次力量练习；每周3次平衡能力练习；每周不少于2～3次的牵拉练习。

随着年龄的增加和身体机能的变化，老年人要逐年减小运动负荷。

运动方式： 中等强度有氧运动、力量练习、平衡能力练习、柔韧性练习。

运动强度： 有氧运动负荷相当于60%～70%最大心率；力量练习采用50%～60%最大力量，每组重复8～12次；2～4组平衡能力练习；适度牵拉练习。

运动时间： 每次有氧运动30～50分钟，8种肌肉力量练习，每天重复2组；平衡能力练习5～10分钟，5～10分钟牵拉练习。

运动频度： 每周运动3～5天。

第五章 运动健身的营养需要

运动中骨骼肌收缩增多、增强，心跳和呼吸加快，血流加速，新陈代谢增强，机体能量消耗增多，从而引起机体对营养素需要增加。营养素有很多种，运动引起每种营养素的消耗都有所不同。饮食不当，营养素的补充就可能失衡，导致某些营养素的不足或过量。长此以往，就有可能影响身体健康，反过来又影响体育锻炼。合理的营养饮食，有助于消除疲劳，保持良好的运动机能和健康水平。

第一节　运动与能量营养素

任何形式的运动都要消耗能量，如火车跑、火箭飞，人体运动健身也不例外。我们运动的能量物质来自食物中的能量营养素——碳水化合物、脂肪和蛋白质。食物中的营养素中，只有这三种营养素能够提供能量，所以叫做能量营养素，而其他营养素，如矿物质、维生素、膳食纤维、水等，则不能提供能量。

一、运动与能量

（一）人体日常的能量需要量

成人一日能量的总消耗量可包括五部分：基础代谢消耗、日常生活消耗、食物生热效应、适应性生热作用（由于环境温度、情绪应激和其他因素变化引起的能量消耗）、运动消耗。此外，儿童青少年还有生长发育的能量需要。

能量的需要量因运动量、日常活动量、性别、年龄、体重等因素而不同，多数成年人每天能量需要量在1500～3000千卡之间，若按体重（平均60千克）估算，多在25～50千卡/千克体重。

除了上述因素外，遗传、胃肠道功能情况、健康水平等因素也影响能量的摄入、利用和消耗。因此，每个人对食物能量和食物能量营养素的需要是千差万别的，不可一概而论。考虑运动中能量的消耗和需要，同样如此。

（二）运动时能量需要量增加

运动引起机体能量代谢加快，储存在体内的能量营养素要为骨骼肌收缩提供动力。这就使机体对能量营养素的需要增加，这就要求我们要多吃一些食物，以满足运动对能量的需要。

运动方式、运动强度、运动持续时间等因素影响能量的消耗量。一般说来，运动强度大，持续时间长，能量的消耗就大。由于年轻人生龙活虎，代谢旺盛，其能量消耗往往大于年长者；男性骨骼肌总量大，其能量消耗也大于女性；大体重者因负荷大，其耗能也多于小体重者；寒冷环境中运动能量的消耗更多一些。

（三）三大能量营养素运动供能比较

运动时能量消耗增加，但三大能量营养素在运动中的消耗量，或者说提供的能量并不一样。一般情况下，碳水化合物和脂肪提供的能量较多，蛋白质较少。

运动中三大能量营养素供能的比例与运动的强度和时间有关。运动强度达到75%最大摄氧量或以上时，碳水化合物供能比例增加；运动强度降低至65%最大摄氧量以下时，脂肪供能比例增加。短时间、大强度的无氧运动，如100米赛跑、1000米自行车速骑等，基本上由碳水化合物供能；长时间、中小强度的有氧运动如快走、慢跑等，主要由碳水化合物和脂肪提供能量；运动前期主要由碳水化合物供能，运动中、后期主要由脂肪供能；中、低强度的有氧运动时间越长，脂肪提供能量的比例就越高。蛋白质也可氧化供能，但不是运动中能量的主要来源。

三大能量营养素中，以脂肪在体内的储存量最大，主要储存于皮下、内脏周围，而且可动员出来为运动提供能量。虽然理论上蛋白质储存量也很大，广泛分布于各个组织器官中，但是蛋白质主要构成机体，只有很少一部分可用来供能。碳水化合物的储量很少，运动量大时可使糖储备损耗殆尽，但机体有糖异生系统，运动中可以把其他物质，如脂肪、蛋白质转换为糖，这个过程叫糖异生。

一般说来，三大能量营养素在运动膳食中的理想比例是：碳水化合物占总能量的55%～65%，脂肪占25%～30%，蛋白质占12%～15%。

碳水化合物、脂肪和蛋白质这三大能量营养素在食物中的分布也有所不同：谷类、薯类（土豆、红薯等）、水果类、纯能量类（食糖、粉条等）等食物中碳水化合物含量较高；大豆类、坚果类、动物性食物中蛋白质和脂肪含量较多；油脂类物质（豆油、花生油等）的全部含量为脂肪。

根据不同食物能量营养素的含量，可酌情选择和搭配运动膳食。

二、碳水化合物（糖）

碳水化合物又简称糖。碳水化合物除了具有构成机体、参与代谢等功能外，主要功能是提供能量。碳水化合物是机体基本的、首选的供能物质。碳水化合物的供能对于运动来说格外重要，是运动的第一能量营养素。膳食中碳水化合物的比例高，有利于糖原的合成，增加糖储备。

（一）运动中碳水化合物供能的独特之处

（1）碳水化合物不仅在无氧运动中以无氧酵解的方式转换成ATP供能，而且在有氧运动中进行有氧氧化，合成大量ATP供能。

（2）碳水化合物氧化供能时，所耗氧量较少。在消耗氧量相同条件下，其产能效率比脂肪高4.5%，这一优点在氧不足的运动中尤为重要。

（3）碳水化合物代谢的终产物为二氧化碳和水，二氧化碳可从呼气中排出体外，不增加体液的酸度，运动中不易产生疲劳。

（4）高强度、短时间运动中，碳水化合物几乎是唯一的能量来源。

（5）运动开始阶段，由碳水化合物主要供能。当运动中糖原储备大量消耗后，脂肪氧化供能的比例才升高。

（6）碳水化合物在体内的总储量有限，不能满足长时间运动量的能量供应，需要脂肪分解供能，因此，长时间运动是减少体内脂肪含量的有效方式。

（二）运动与体内糖储备

糖储备包括肌糖原、肝糖原和血糖。全身肌糖原约250克，肝糖原75~90克，血糖5～6克，糖储备总量约300～400克。糖储备是影响运动强度和运动时间的重要因素，与运动能力成正相关。也就是说，糖储备越多，可从事的运动强度越高，运动的持续能力越强。长期的体育锻炼可增加机体的糖储备。

中枢性疲劳和运动性损伤的发生与糖储备有着密切关系。大脑细胞主要靠血糖供应能量，而且大脑中几乎没有糖储备。当糖储备耗竭后，血糖浓度随之降低，可引起中枢性运动疲劳，甚至发生低血糖。中枢性疲劳发生后继续运动，运动性损伤概率将大大提高。体育锻炼不但可使机体的糖储备有所增加，还能使机体动员脂肪供能能力增强，从而使糖消耗减少，节省了糖储备，保证了大脑能量的供给。

（三）膳食中碳水化合物的适宜比例

我们膳食中的碳水化合物主要来自谷类食物，还有一些来自水果。运动膳食中碳水化合物的摄入量应占总能量的55%～65%，如果运动时间较长（如长时间跑步），或强度比较大（如800米跑），碳水化合物的摄入量可达到总能量的70%。若调整饮食结构后不能满足碳水化合物的摄入比例，可在餐中和餐外适量补充纯碳水化合物食品，俗称运动补糖。

碳水化合物主要来自“主食”

（四）运动补糖

1. 运动补糖的意义

儿童少年和青壮年体育锻炼往往体能消耗较大，需及时补充糖，有利于提高血糖，增加能量供应，消除疲劳，保持精力旺盛和身体健康，提高运动效果，防止运动损伤的发生。中老年人一般运动量相对较小，而且他们参加体育活动的目的之一是控制或减轻体重，一般不需要运动补糖。

2. 运动补糖的方法

补糖可分为运动前、运动中和运动后补糖。运动前补糖可增加肌糖原和肝糖原的储备。运动中补糖可提高血糖水平，减少肌糖原耗损，延长耐力时间。运动后补糖可促进肌糖原的合成，有利疲劳的消除和身体恢复。运动后补糖时间越早，肌糖原合成的速率越快。

（1）运动前补糖。如果是大运动量活动，可增加运动前的膳食中含糖多的食物。也可在运动前1～4小时补糖0.5～5克/千克体重，固体糖和液体糖均可，但运动前1小时补糖最好使用液体糖。

（2）运动中补糖。运动时间比较长，比如长距离跑步或打篮球，可在运动中补糖。一般采用液体糖，最常见的是饮用含糖运动饮料，补糖的同时还可补水、补盐。可遵循少量多次的原则，每次喝100～200毫升，5～10分钟喝一次。运动量大时，补糖量可增多，但一般不超过60克/小时。也可使用容易消化吸收的含碳水化合物较多的食物，如面包、香蕉等。

（3）运动后补糖。补糖越早越好。最好在运动后即刻、2小时内以及每隔1～2小时连续补糖，补糖量可达0.75 ~1.0克・千克$^{-1}$・小时$^{-1}$。

3. 运动补糖的种类

有多种类型的糖可供选择，如葡萄糖、果糖等单糖，蔗糖等双糖，低聚糖、短链淀粉、淀粉等多糖，可单独或联合补充。小分子的糖可用于运动饮料。市面上可经常看到含有这些糖的运动饮料。出汗量不大时，含电解质不多的含糖饮料，如碳酸饮料、果汁饮料也可使用。

三、脂肪

脂肪具有供应能量、提供必需脂肪酸、构成机体组织、促进脂溶性维生素吸收、增加食物美味和饱腹感等作用。

（一）运动中脂肪供能特点

脂肪是运动的主要能量来源之一。脂肪具有能量密度高、体积小、耐饥饿的特点。1克脂肪在体内氧化可产生9千卡能量，而1克葡萄糖或蛋白质可产生约4千卡能量，因此同等能量的脂肪在体积上小于葡萄糖，是一种浓缩型能量来源。浓缩食物可避免过多增加体重和运动负荷，还可减轻胃肠充盈度，减弱运动对胃脏的震摇程度。长期的体育锻炼可增强机体对脂肪的氧化利用能力，而脂肪供能的增加可节约体内的糖原和蛋白质。

脂肪也有不利于运动的方面：脂肪只能在有氧条件下氧化供能，不能在无氧条件下供能。脂肪不易消化吸收，增加胃肠道消化吸收的负担。脂肪氧化供能时耗氧量高于碳水化合物。脂肪代谢物会增加肝脏和肾脏的负担。运动前高脂饮食可使运动后血丙酮酸和乳酸含量增加，使疲劳出现较早。脂肪还可引起血脂增高，使血液黏稠度上升，血流变慢，影响氧的运输，对运动造成不利。

因此，运动前和运动中最好不要吃脂肪多的食物。

（二）膳食中脂肪的适宜比例

我们食物中的脂肪主要来自动物脂肪组织和植物种子制成的油。一般来说，膳食中脂肪的摄入量应占总能量的25%～30%，在寒冷条件下运动，如游泳，可将脂肪增加到35%。所摄脂肪中，饱和脂肪酸、多不饱和脂肪酸和单不饱和脂肪酸的比例最好为1:1:1～1.5。特别要注意控制饱和脂肪酸和胆固醇的摄入量。饱和脂肪酸主要来自动物性脂肪，如猪油、牛油等，多不饱和脂肪酸主要来自植物性脂肪，如豆油、玉米油等，而单不饱和脂肪酸以橄榄油、棕榈油含量较多。胆固醇基本来自动物性食物，尤其以蛋黄、动物脑和肝肾含量较多。

四、蛋白质

蛋白质在体内的功能有多种，包括参与组织细胞的组成和修复，构成酶、激素、免疫蛋白并发挥相应作用，维持渗透压和酸碱度，提供能量等等。

（一）运动中蛋白质供能特点

在三大供能营养素中，蛋白质在运动中供能的比例最小。蛋白质在运动中供能的比例取决于运动方式、运动强度、持续时间及体内肌糖原的状况。一般运动情况下，蛋白质提供6%～7%的能量。体内肌糖原储备充足时，蛋白质供能仅占总消耗的5%左右，而肌糖原耗竭时可上升至10%～15%。在蛋白质的各种氨基酸中，支链氨基酸（亮氨酸、异亮氨酸和缬氨酸）运动中氧化供能的比例最高，尤其在长时间耐力型运动中，骨骼肌选择性利用支链氨基酸供应能量。

（二）膳食中蛋白质适宜比例

体育锻炼可使与运动有关的组织器官，如肌肉、骨骼增大增粗，蛋白质和氨基酸的代谢加快，骨骼肌等组织细胞的损伤和修复增加，尿液和汗液中排氮量增加。这表明运动使蛋白质的消耗量和需要量增加。

运动人群蛋白质的摄入量可占总能量的12%～15%，进行力量练习可增加到15%～16%。在摄取的蛋白质中，优质蛋白质应占1/3以上。优质蛋白质是指其氨基酸构成和比例接近人体需要，吸收利用率较高的动物性蛋白质和大豆蛋白质，其食物来源有瘦肉、鱼、蛋、奶、大豆制品等。

谷类食物蛋白质中赖氨酸较为缺乏而色氨酸较多，大豆蛋白质中赖氨酸含量较为丰富而色氨酸相对不足，因此提倡谷类食品与大豆制品的搭配使用，可使氨基酸得到互补和平衡，提高蛋白质的生物利用率，有利于运动后骨骼肌的修复。

第二节　运动与矿物质

矿物质对维持细胞内外液的渗透压、水盐代谢、酸碱平衡、肌肉神经的兴奋性、金属酶的活性、组织细胞构成、自由基代谢等机体功能意义重大。运动可使矿物质的代谢发生变化，消耗量和需要量增加。运动大量出汗而导致矿物质不同程度的丢失，是运动机体在矿物质代谢上最大的不同。

一、钠

在常温下体育锻炼，出汗一般不多，钠也不会丢失过多。但在高温环境中运动出汗较多时，将会有大量钠盐（氯化钠）丢失。1升汗液中氯化钠的含量约2～4克。如果一天分泌5升汗液，从汗液中损失的氯化钠可达20克，相当于钠离子7.87克。运动大量出汗后不注意补充氯化钠，可发生钠缺乏。轻度钠缺乏可引起肌肉无力、食欲减退、消化不良等表现。若发生较严重的钠缺乏，可有恶心、呕吐、头疼、腹痛、腿痛、肌肉抽搐等症状。饮食中钠不足或大量出汗后只补水不补钠，可造成低钠血症，出现低渗性脱水。钠不足或缺乏时，运动能力将会下降。

普通人钠的建议摄入量一般为2.2克/天，相当于5.6克食盐（氯化钠）。运动引起汗液中盐丢失较多时，除了增加膳食中的食盐外，还可补充含有钠盐的运动饮料。大多数运动饮料的钠含量为2.3～5.75克/升。果汁饮料中也含有一定量的钠盐。血压较高的人补钠不要过多，因为钠多与高血压有关。

二、钾

进行大运动量体育活动，尤其在高温下进行体育活动，可从汗液丢失大量钾。钾从尿液中的排出量比较恒定，摄入少量钾时，随尿排出的钾依然不少。出汗较多如果不补充钾，有可能发生钾缺乏。缺钾可抑制糖的利用，能量物质ATP和蛋白质合成受阻，出现肌肉兴奋性降低、肌肉无力、心脏节律紊乱等表现，还可减缓糖原合成和肌肉组织修复，影响运动恢复。

运动大量出汗前后适量补充钾十分必要。专业运动员钾的推荐摄入量为每天3～4克，普通人体育锻炼，丢失的钾不会像运动员那么多，所以缺钾的概率并不高。普通成年人的钾推荐摄入量为2克/天。水果、蔬菜、牛肉、鱼等食物含钾较为丰富。另外，大部分运动饮料都含有钾盐。

三、钙

汗液中钙含量约为2.55毫摩尔/升（102.2 毫克/升），按此推算，如果每日出汗2升，则有约200 毫克的钙从汗液中丢失。

钙营养的平衡对机体健康和保持运动能力的作用非常重要。钙缺乏可引起肌肉抽搐，长期钙摄入不足可导致骨密度降低。运动具有增加钙丢失的作用，而同时，运动具有促进钙在骨的沉积、增加骨密度的作用。只有在钙摄入量充足的情况下，运动才有增加骨密度的作用。研究显示，只补钙不进行体育锻炼，对骨密度无增加作用。

我国50岁以下普通成年人的推荐钙摄入量为800毫克/天，50岁以上为1000毫克/天。经常体育锻炼的人钙的摄入量应比普通人多一些。

含钙丰富的食物有奶及其制品、虾皮、卤水豆腐等。500毫升牛奶中含钙500毫克左右，如果每天喝500毫升奶，可满足大部分钙的需要。

牛奶富含钙

现在很多人都在补钙，各种钙制剂也比较多。这种情况下应注意防止补钙过量。长期过多补钙，可引起高钙尿、肾结石，还影响铁、锌、镁、磷等元素的吸收。中国营养学会提出普通人钙可耐受的最大摄入量为2000毫克/天。

四、镁

骨骼和肌肉中含有相当量的镁。镁离子不仅参与维持神经肌肉的兴奋性，还是体内多种酶的激活剂。运动出汗可丢失一定量的镁。如果机体发生缺镁，情绪易激动，肌肉容易发生抽搐。镁在食物中分布广泛，其中紫菜含镁量最高，其余含镁食物有：谷类如小米、玉米、荞麦面、高粱面；豆类如黄豆、黑豆、蚕豆、豌豆、豇豆、豆腐；蔬菜如冬菜、苋菜、辣椒、蘑菇；水果如杨桃、桂圆、核桃仁；其他如虾米、花生、芝麻等。而且需要量不高，一般不会发生镁缺乏，仅有可能出现在运动大量出汗后或过度限制食物不合理减体重后。普通成人镁的推荐摄入量为350毫克/天。

五、铁

铁离子参与血红蛋白、肌红蛋白的组成，还与多种氧化酶和呼吸酶的结构和活性有关。因此，铁营养与运动中氧代谢和耐力有关。运动可引起铁代谢的加快，铁吸收受到影响，铁排出增多，汗液中也有铁的损失。因此，经常运动的人铁的需要量增加。普通成年男子铁的推荐摄入量为15 毫克/天，成年女子绝经前为20毫克，绝经后为15毫克。铁含量丰富且易吸收的食物主要有动物的肝脏、全血、瘦肉等。

六、锌

锌与体内200多种酶的活性有关，与雄激素的合成关系密切，还与味觉有关。从汗液可丢失一定量的锌离子。经常运动可导致锌的消耗增多，应注意补充锌。50岁以下普通成年男子锌的推荐摄入量为15毫克/天，50岁以上男子以及成年女子为11.5毫克。含锌多的食物主要是动物性食物，如肝脏、蛋、鱼和海产品等。

第三节　运动与维生素

运动造成物质代谢加强，使机体对维生素的需要量增加。研究发现，运动过程中，胃肠道对维生素吸收功能下降，汗液、尿液及粪便中排出量增加，体内维生素周转速率加快。这些结果提示，经常锻炼应适当增加维生素的供给量。

一、维生素A

维生素A与视力、组织上皮细胞的功能、应激和免疫系统功能关系密切，还参与糖皮质激素和黏多糖的合成以及骨代谢。β–胡萝卜素和维生素A都有猝灭单线态氧、清除氧自由基的抗氧化作用。运动中自由基产生增多，可对组织细胞造成伤害。β–胡萝卜素和维生素A可起到消除自由基、保护细胞膜和大分子，进而提高运动能力的作用。

我国普通成年人维生素A的推荐摄入量为700~800微克视黄醇当量/天。维生素A的安全摄入量范围较小，过量摄入可引起中毒，不可补充过多。维生素A（不包括胡萝卜素）可耐受的最高摄入量成人为3000微克视黄醇当量/天。

类胡萝卜素是维生素A的安全来源，无毒性作用，可以大剂量服用。动物肝脏为维生素A的良好来源，奶制品和瘦肉也含一定量的维生素A，而类胡萝卜素则在深绿色和红黄色的蔬菜、水果中含量丰富。

二、维生素B_1

维生素B_1在能量代谢生成ATP的过程中和在糖及蛋白质的代谢中发挥

重要作用，还参加丙酮酸代谢和支链氨基酸的脱羧反应。维生素B_1缺乏引起丙酮酸堆积，影响神经系统的功能。

体育锻炼很少引起严重的维生素B_1缺乏症状，一般仅发生维生素B_1不足或边缘性缺乏。缺乏的原因往往是综合性的：长期体育锻炼使维生素B_1需要量增加的同时，却伴有长期主食摄入量不足和食用精制米面使其摄入不足，或者胃肠功能紊乱和慢性肝肾疾患使其吸收利用下降。

我国成人的维生素B_1推荐摄入量为1.3～1.4毫克/天。维生素B_1广泛分布于各种食物中，较多的有内脏、瘦肉、全谷、坚果等。如果膳食中维生素B_1不能满足需要，可采用维生素B_1 制剂补充。

三、维生素B_2

维生素B_2参与能量代谢，在有氧运动和无氧运动中均起重要作用。维生素B_2作为谷胱甘肽还原酶的辅酶，催化氧化型谷胱甘肽还原，参与体内抗氧化系统。维生素B_2还参与烟酸和维生素 B_6的代谢。

维生素B_2缺乏可引起口腔阴囊综合征，还使肌肉无力，耐力下降，神经兴奋性异常，容易疲劳。

我国推荐的普通成人维生素B_2的适宜摄入量为1.2～1.4毫克/天。维生素B_2广泛存在于动物内脏、奶、蛋、瘦肉、谷类、蔬菜和水果中。也可通过维生素B_2制剂补充。

四、维生素B_{12}

维生素B_{12}以辅酶分形式参与蛋氨酸和琥珀酸的代谢，参与细胞的核酸代谢，特别是红细胞DNA的合成。维生素B_{12}缺乏可引起神经脱髓鞘等神经系统的损害，还可引起巨幼红细胞贫血和高同型半胱氨酸血症。维生素B_{12}缺乏可使运氧效能下降，对运动能力造成不利影响。

我国推荐的普通成人膳食维生素B_{12}适宜摄入量为2.4微克/天。维生素B_{12}的主要食物来源为动物性食品，如肉类、家禽、鱼、蛋类、乳制品等，豆制品中维生素B_{12}也比较丰富。蔬菜和水果缺少维生素B_{12}。维生素B_{12}缺乏并不多见，但对完全素食者要注意适量补充维生素B_{12}，此类人群有可能发生缺乏。

五、烟酸

烟酸与能量代谢关系密切，以辅酶I和辅酶II的形式作为脱氢酶的辅酶，参与呼吸链的组成。烟酸是组织细胞中极其重要的递氢体，在抗氧化过程中发挥作用。烟酸缺乏可引起癞皮病。

烟酸的需要量随着能量消耗的增加而增加。我国推荐的普通成人膳食烟酸摄入量为13～14毫克/天。烟酸的食物来源广泛，动物性食物中以动物内脏含量较为丰富，谷类、蔬菜含量也不少。

六、维生素C

维生素C作为羟化过程的底物和酶的辅助因子参与多种物质的代谢，参与胶原的合成，与组织的修复有关。运动中组织细胞的损伤程度加剧，充足的维生素C有利于修复。还原型维生素C（抗坏血酸）是一个强还原剂，可提供氢原子，使氧自由基还原，清除运动中产生的自由基。

长时间疲劳性运动往往导致体内维生素C水平下降，伴之免疫系统功能低下而引发上呼吸道感染，而补充维生素C能够有效减少这种感染。女性较容易发生缺铁，而维生素C有促进铁吸收的作用，可使小肠对非血红素铁的吸收提高2～4倍。

运动可能使维生素C的需要量增加。我国推荐的成人膳食维生素C的摄入量为100毫克/天。过量（>1000毫克/天）摄入维生素C有可能引起泌尿系结石，尿酸排出增加。

维生素C的食物来源主要为新鲜的绿、红、黄色蔬菜和水果，动物性食物的维生素C 含量很少。要注意避免长时间烹调，引起维生素C的损失。可膳食外补充维生素C。

新鲜水果中富含维生素C

七、维生素D

维生素D促进小肠吸收钙，参与维持血钙的稳定和免疫功能。维生素D缺乏可引起骨软化症和骨质疏松症，增加骨折的危险。

我国推荐的维生素D的摄入量，50岁以下成人为5微克/天，50岁以上为10微克。动物肝脏是维生素D的良好来源，鱼肝油含量最为丰富。奶制品含量较低，蔬菜和谷物几乎不含维生素D。通过日光照射，可使体内合成一定量的维生素D。

过量补充维生素D具有潜在毒性作用，我国建议各种人群维生素D可耐受最高摄入量为20微克/天。

八、维生素E

维生素E是公认的抗氧化剂，在体内最重要的作用是在细胞膜和细胞器膜上抗氧化，防止运动中产生的自由基对生物膜上多不饱和脂肪酸的氧化作用。维生素E对维持骨骼肌、心肌、平滑肌及外周血管系统的结构和功能所必需，与细胞膜功能、免疫功能和神经系统功能有密切的关系。人类的维生素E缺乏很少见。成年人的维生素E缺乏症状主要见于神经系统。

我国推荐的成人膳食维生素E摄入量为14毫克/天。食用油脂中维生素E含量最高，豆类其次，蛋类和水产类含量也较高，谷类食物也含一定量，蔬菜、水果、肉类和乳类的维生素E含量均不高。

维生素E的毒性很小。研究报道，每天口服维生素E 800毫克α生育酚当量，未发现毒副作用。美国对不同年龄组普通人群推荐的每日维生素E可耐受摄入量高限为：4～8岁300毫克；9～13岁600毫克；14～18岁800毫克。我国居民补充维生素E时可酌情参考。

第四节　运动与水

虽然一般人认为水不是营养素，但在运动营养学里，往往把水作为营养素看待，因为水在运动中占有重要的地位。水是机体细胞内外液的基本构成成分，是保持组织细胞外形及构成的必需物质。运动中水参与体温调节、物质代谢和化学反应，还有润滑黏膜上皮和关节腔的作用。

一、运动中水代谢的特点

运动时体内产热增加，需要排出体温，以保持体温恒定。排热的主要方式为出汗散热，每排出580千卡的热量，需蒸发1升汗液。汗液的主要成分就是水。运动时水代谢有以下特点：

（1）出汗多。运动强度、运动时间、运动环境的温湿度和热辐射强度等，影响排汗量。

运动中排汗增多

（2）排尿少。由于大量出汗，致使机体失水量增多，常常导致少尿。

（3）呼吸道排水增多。运动时呼吸加快，幅度加深，使从呼吸道丢失的水分增加，可达平时的10～20倍。

（4）代谢水产生增多。碳水化合物、脂肪和蛋白质在运动中分解代谢产能的同时，还生成一定量的水，使代谢水的量增多。

二、水的补给量

由于运动方式、运动强度、运动时间、运动环境和个人情况不同，水的需要量变化很大，因此很难提出水的补给量的具体数字。但对水补给量的原则是：失多少补多少，保持水平衡，避免运动性脱水的发生。称体重是监控水平衡简单而有效的方法。在运动的前、中、后，通过补水补液，使体重变化波动保持在±2%的范围内。

三、运动时补什么水

运动中补水

运动量小，出汗量少，补充白开水、矿泉水或其他饮料均可；运动量大，出汗多，应补充含盐的运动饮料、菜汤等。

第五节　运动的合理膳食

一、运动人群的膳食指南

根据运动人群营养饮食需要的特点和存在的一些问题，我国为运动人群（包括专业运动员和运动爱好者）提出了简明扼要的膳食指南。

——食物多样，谷类为主，营养平衡。

——食量和运动量平衡，保持适宜体重和体脂。

——多吃蔬菜、水果、薯类、豆类及其制品。

——每天喝牛奶或酸奶。

——肉类食物要适量，多吃水产品。

——注重早餐和必要的加餐。

——重视补液和补糖。

——在医学指导下合理食用营养素补充品。

上述膳食指南适用于绝大多数运动人群，但是，高血压患者以及老年人运动时注意不要过多补充含有钠盐的运动饮料；减肥者和Ⅱ型糖尿病患者运动时不应补充含糖饮料。

膳食宝塔照片

二、合理选择食物

要根据体育锻炼的需要和自身的健康状况合理选择食物。一般把食物分为5大类，各类食物主要提供营养素的大致情况如下。

第一类：谷类及薯类。谷类包括米、面、杂粮；薯类包括马铃薯、甘薯、木薯等。这类食物主要提供碳水化合物、蛋白质、B族维生素、膳食纤维。

第二类：动物性食物。包括肉、禽、鱼虾、奶、蛋等，主要提供蛋白质、脂肪、矿物质、维生素A和B族维生素。

动物性食物中富含蛋白质

第三类：豆类及制品。包括大豆及其他干豆类，主要提供蛋白质、脂肪、矿物质、B族维生素、膳食纤维。

第四类：蔬菜水果类。包括鲜豆、根茎、叶菜、茄果等，主要提供膳食纤维、矿物质、维生素C和胡萝卜素。

第五类：纯能量食物。包括植物油、淀粉、食用糖和酒类，主要提供能量。植物油还可提供维生素E和必需脂肪酸。

三、合理的饮食制度

（一）饮食的时间安排

不要在饭后立即进行剧烈运动。剧烈运动时机体血液重新分配，皮肤和肌肉血流量增多，胃肠道和消化腺体血流量减少，消化吸收能力减弱。另外，如果胃内食物过多，运动时可引起胃振荡，进而引发恶心、呕吐、腹痛，同时致使运动能力下降。一般食物在进食后3～4小时可从胃排空，含脂肪少的食物停留较短，如植物性食物；含脂肪多的食物停留时间较长，如肉类。因此，可在饭后1.5～2.5小时开始运动。当然，散步运动强度很低，饭后可以立即进行。

运动结束后一定时间内，胃肠道血液才会逐步增多恢复正常。因此，运动后至少休息30分钟再进食，大强度运动后应休息40～60分钟再进食。

（二）食物量的安排

运动前的饮食要求是食物体积不能过大，能量密度可高一些，而且容易消化吸收。所以，应该以谷类食物为主，动物性食物为辅，特别要保证碳水化合物的充足。运动中可以补充一些运动饮料或其他饮料，也可补充一些容易消化吸收的食物，如香蕉、面包等。运动后的饮食中可以适量增加蔬菜水果、动物性食物的摄入，满足维生素、矿物质、膳食纤维和脂肪的需要。

运动人群应该规律进食，一日三餐，或者再有1～2次简单的加餐。如果是一日三餐，各餐食物能量的分配应以早餐30%～35%、中餐35%、晚餐30%～35%为宜；如果有加餐，可安排早餐25%～30%、中餐35%、晚餐25%～30%、加餐10%～15%。切忌暴饮暴食。

（三）营养素补充品的合理使用

营养素补充品的使用已经非常普遍。由于运动代谢和运动营养饮食的特殊性，以及不同运动人群的特殊需要，有些时候正常的膳食很难满足某些营养素的需要，如维生素、矿物质以及碳水化合物等。因此，使用营养素补充品成为不少人不可或缺的常规事项。但是，补充营养品并不是多多益善，过多补充会增加组织器官代谢的负担，引起营养素之间的不平衡，影响营养素的消化吸收利用，甚至还可能导致中毒，既不利于健康，也不利于运动。

应遵循适量、平衡的营养素补充原则。补充维生素或矿物质时应注意，除非发生某种特定维生素或矿物质的不足或缺乏，可以针对性补充这种营养素外，一般情况下，应尽可能补充配比平衡合理的多种维生素和矿物质的混合制剂。

第六章 运动伤害防治

运动伤害在体育锻炼过程中时有发生，就如同人们在日常生活中也会出现各种意外伤害事故一样。但多数运动伤害是可以预防的，运动中一旦出现伤害事故，在运动现场的及时救治是非常必要的。因此，体育锻炼者在掌握科学健身理念和运动技能的同时，还应该了解和掌握常见的运动伤害预防知识、应急处理方法和运动康复手段。

第一节　运动伤害与预防

一、运动伤害

运动伤害是指参加体育运动时各系统、器官以及组织发生的各种损伤。广义的运动伤害不仅是不适当的运动对机体各器官的损伤，还包括运动给参与者造成的机能减弱与威胁。狭义的运动伤害又称运动创伤，是指运动对体育活动参与者运动器官造成的各种伤害。

虽然从事运动就有发生运动伤害的风险，但是运动伤害的发生多数情况与运动不当或者身体有潜在的运动禁忌证有关，比如错误的动作、运动强度及运动量过大，没有遵循循序渐进和因人而异的原则等等，科学运动可以有效地规避运动伤害。

二、运动伤害风险因素

运动伤害风险因素可以分为内在风险因素和外在风险因素。体育锻炼内在风险因素越多，发生运动伤害的可能性越大。如果同时出现外在风险因素，则发生运动伤害的概率进一步增加。体育活动时，在现场发生运动伤害时，人们常常只关注发生运动伤害的直接原因，而忽略了导致运动伤害的潜在因素。

（一）运动伤害内在风险因素

1. 年龄

儿童青少年时期，骨骼发育尚未成熟，骨和软骨与成人相比相对软弱。骨的长径生长与骨周围肌腱发育相比显得较慢，因此，在骨的突起部位、肌肉肌腱附着部位容易发生损伤。

老年人随着年龄的增加，心血管病发病率增高，出现运动性心脑血管意外的可能性也增加；老年人柔韧性和肌力下降，平衡能力减弱，容易出现各种运动损伤。

2. 性别

男性肌肉收缩力量大、速度快，参加体育活动时竞争意识强，常常由于运动过于剧烈导致各种运动损伤。女性肌肉力量较弱，运动时对关节的保护作用较差，在参加相同强度的体育活动时，发生关节损伤的概率高于男性。另外，女性的激素呈周期性分泌，雌性激素分泌降低与骨质疏松、疲劳性骨折发生较多有关。

3. 体型

体重过重或肥胖者，体内脂肪含量较高，运动时会额外增加机体的运动负担，肌肉力量相对较弱，影响肌肉工作效率，降低肌肉对关节的保护作用，运动时容易发生运动损伤。

4. 健康状况

人体在生病或身体状况较差的情况下，体质弱，运动能力下降，如果在参加体育活动时出现外在风险因素，其敏锐判断和对身体的保护能力都降低，也容易造成运动伤害。锻炼者原有的慢性病也是运动伤害的高危因素，尤其是运动中出现心脑血管意外的概率增加。

（二）运动伤害外在风险因素

体育场地不平坦、光线不好、运动器械质量不高，或安装不牢固、环境温度过高或过低、运动服装和运动鞋不合适等都属于运动伤害外在风险因素。体育锻炼者在运动时，不仅要关注内在风险因素，而且要高度重视外在风险因素，以便减少运动风险，确保运动安全。

（三）运动伤害预防原则

1. 运动前身体机能检查

按照本书第二章第四节介绍方法在运动前进行运动风险评估。对于低运动风险者，可不必做医学检查，但做好运动能力测试与评定；对于高运动风险者，要在医生的指导下，进行医学检查和身体机能评定，以确定能否参加体育活动和如何进行体育活动，以最大限度地降低运动风险。

2. 制定科学合理的运动健身方案

根据自身状况，制定科学合理的运动健身方案，可以有效地降低运动风险。在具体执行运动健身计划时，做到循序渐进和量力而行，可明显减少运动伤害。

3. 运动前做好充分的准备活动

不仅能预先动员身体各器官系统的机能潜力，提高体育活动效果，而且可以有效地避免运动伤害事故。特别是使大脑注意力集中到运动的全过程，这种心理活动的准备在预防伤害事故中具有重要作用。

4. 严格控制运动强度

运动强度是确保运动过程安全性的重要因素。体育锻炼者至少应掌握一种以上的运动强度监测方法（见本书第三章第三节），并在运动过程中使用，科学地监控运动强度。

5. 避免局部负担过重

体育锻炼时，如果运动负荷过于集中，会造成机体局部负担过重而引起运动损伤。如膝关节半蹲起跳动作过多，容易引起骨损伤；过多地练习鸭步，可引起膝内侧副韧带及半月板的损伤；太极拳动作不规范、下蹲过低等，导致膝关节慢性损伤；网球动作技术错误，长期重复错误动作导致网球肘等。因此，在体育锻炼时，要学习掌握正确技术，尽量避免单调的锻炼方法，不要过多重复单一动作，以防止局部负担过重。

6. 选择安全的运动场地

体育锻炼者要注意运动场地、设备的安全；对新接触的运动器材，要先读懂说明书，了解其性能和使用方法；体育活动开始前要先了解场地的温度、湿度、滑度、空气流通等。

第二节 常见运动损伤防治

一、软组织急性闭合性损伤

运动软组织急性闭合性损伤是指在运动中出现的各种肌肉损伤、韧带损伤和肌腱损伤的总称。主要原因是由于准备活动不足、肌肉收缩力量过大所致。这类运动损伤在运动系统中发病率最高，其特点为受伤时皮肤完整，无伤口与外界相通。

（一）运动软组织急性损伤常见病症

1. 肌肉闭合性损伤

肌肉损伤分为肌肉拉伤（延伸）和肌肉挫伤（撞击）两类。其特点是肌肉组织内出血，损伤后即刻疼痛症状明显，不敢或无法继续活动。发生这类损伤时，皮肤完好，但肌肉内大量出血，30秒就可形成血肿。血肿越大，伤后恢复所需时间越长，形成瘢痕组织的可能性就越大。不仅影响肌肉收缩功能，还会使再次运动创伤的概率增加。因此，出现这类损伤时，运动现场的及时处理非常重要（见本节损伤防治方法）。

肌肉拉伤以大腿前后肌群最多见，其次为腰肌，常见于短跑、跨栏、篮球、足球等运动。肌肉挫伤多见于身体对抗性项目，如跆拳道、拳击、足球、篮球等。

2. 韧带损伤

韧带由胶原蛋白构成，其功能是连接骨骼、稳定关节。韧带损伤原因与肌肉损伤相似，也是由于肌肉用力收缩，张力过大所致。多表现为韧带撕伤、断裂。严重时可造成撕脱性骨折。

青少年韧带损伤多发生在韧带中段，老年人韧带损伤则多发生在骨骼肌附着处。韧带断裂后局部几分钟内可出现血肿，因此，应及时处理。

3. 肌腱断裂

肌腱由结缔组织构成，连接肌肉和骨骼。主要功能是将肌肉力量传导到骨骼，从而产生各种动作并维持关节稳定。

跟腱断裂较常见。在进行剧烈运动时，特别是在短跑起跑、冲刺跑、篮球、排球、羽毛球等突然起跳发力时发生，没有预兆。主要原因是运动能力不足、准备活动不足，或肌腱断裂前已有慢性损伤。运动中一旦发生跟腱断裂，应立即送医院救治。

4. 足踝崴伤

足踝崴伤是最常见的运动创伤之一，尤其是内翻伤。各种运动，如跑步、打球等都可能造成足踝崴伤，甚至一些基本的活动，如走路遇到高低不平的地面或下台阶，都有可能发生踝部崴伤。

足踝崴伤是一种复合伤，除了韧带断裂外，还伴有肌肉、关节囊、软骨损伤，甚至伴有骨裂、骨折。大部分足踝崴伤是闭合性损伤。及时正确地处理此类损伤，对于运动后康复和保持运动能力非常重要。

（二）软组织急性闭合性运动损伤防治方法

软组织急性损伤的共同特点是受伤部位非显性出血，因此，受伤后，处理越早，出血越少，症状越轻，恢复越快，效果越好。因此，在医务人员未到运动现场前，基本的现场处理方法包括以下几个步骤。

1. 冷疗

运动软组织急性损伤后要尽快采用冷疗，作用是减少损伤部位出血并止血。最有效的办法是使用常规冰袋冷敷或一次性冰袋，配以绷带加压，最大限度压迫受伤部位，冰疗20～30分钟有止血效果。如果冰敷时间太短、加压不够，则止血效果不明显。如果没有冰袋，要尽快寻找替代品，如雪、冰块、冰棍等，用布包起来，加压包扎受伤部位。

受伤48小时之内，为了止痛，每隔3～4小时，可重复冰疗20分钟。

2. 加压包扎

最好用弹性绷带（或普通绷带或替代品）对受伤部位进行加压包扎，但松紧度要适宜，当肢体舒张压从50毫米汞柱增至85毫米汞柱，可使受伤部位的血流减少95%。包扎5分钟后，应检查一次伤部远端肢体有无发麻、发胀的现象。如果无法分辨时，可与对侧肢体进行比较，以确认有无包扎过紧而出现缺血症状。当出现不适症状时，应立即调整包扎带的松紧度。

3. 抬高患肢

肢体远端创伤48小时内，应抬高患肢（尽量高于心脏水平30厘米以上），以改善血液循环，有利于淋巴液回流，促进肿胀消退。

4. 制动

伤后应立即停止活动，使用支撑保护带等固定伤处。伤后48小时内不要使用热敷、按揉、转动、牵拉等方法，因为过早地使用上述恢复方法，可能会导致受伤部位重新出血。下肢受伤的患者，48小时内不应负重。

特别提醒：现场处理后，应及时将伤者送医院，由专业医生诊治。

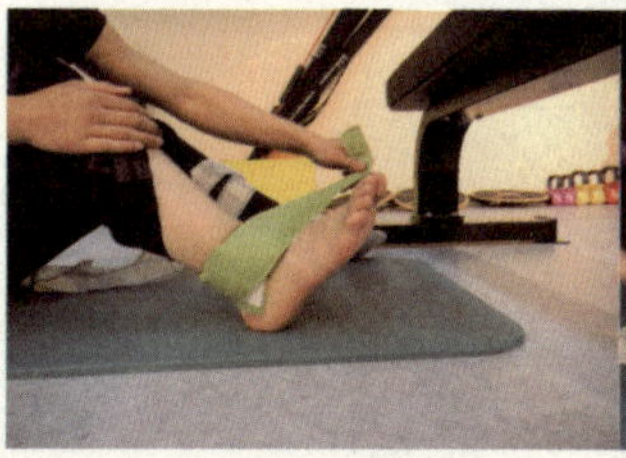

用冰袋冰敷

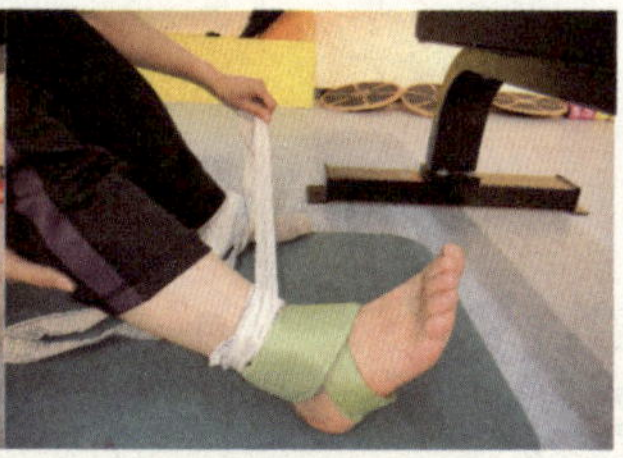

绷带加压包扎

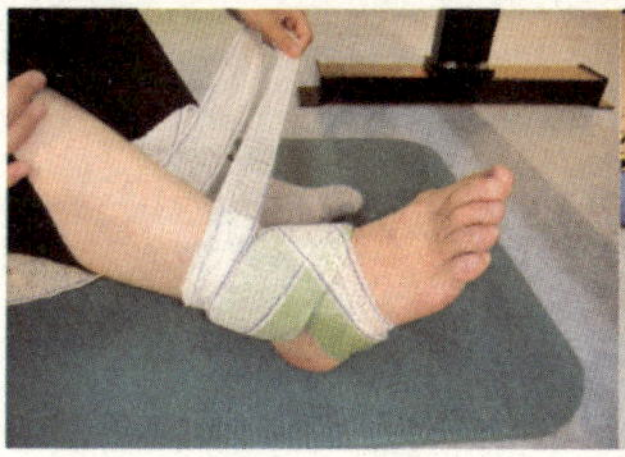

加压包扎好

踝关节高于心脏位，平躺15分钟

急性踝关节崴伤的冰袋加压包扎方法图

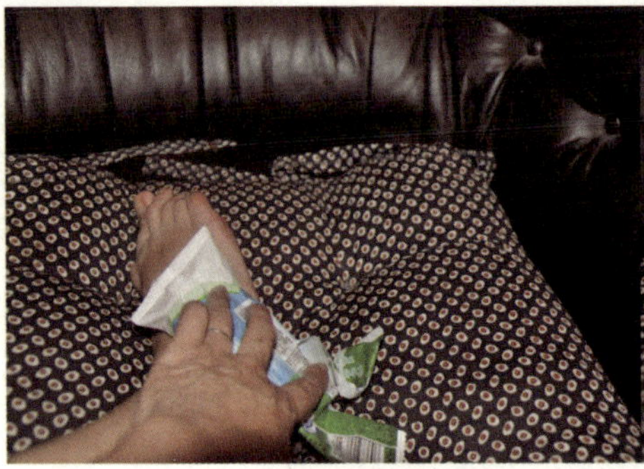

用冰棍冰敷并加压

用冰箱里的冰块

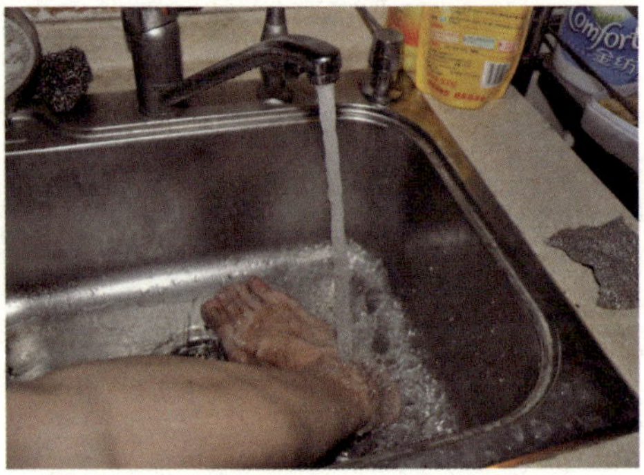

用凉水冲踝关节

在没有冰袋条件下的应急处理办法图

二、软组织慢性损伤

运动软组织慢性损伤是由于长期重复相同动作，腱止点承受过度负荷或过度使用而导致的慢性微细损伤，又称“腱止点末端病”。

（一）运动软组织慢性运动损伤常见病症

1. 肘部过度使用损伤

经常进行网球、羽毛球、高尔夫球、投掷等运动而导致的慢性软组织损伤。例如，肘关节外上髁炎，又称网球肘，主要原因是在打网球时，长期重复错误动作、力量不足或球拍选用不当所致。肘关节内上髁炎则常见于打高尔夫球，是由于反复击打动作导致的肘内侧疼痛。

2. 慢性足跟足底疼痛

一般出现在走、跑人群中，发病与骨骼解剖结构或运动鞋不合适，以及运动时间过长或强度过大有关。

3. 跟腱周围炎

常见于短跑、长跑、大步快走、羽毛球等运动。

（二）运动软组织慢性损伤防治方法

（1）掌握正确的运动技术，避免重复错误动作及反复过度牵拉末端部位。

（2）加强相关肌肉的力量训练。

（3）急性期暂时制动，暂时停止原运动方式，改变活动形式。

（4）辅以理疗或中西医手法缓解症状。

（5）及时到医院诊治，必要时局部封闭注射。

三、膝关节慢性疼痛

膝关节慢性疼痛多是由于半月板损伤、髌骨疼痛综合征、髌腱病或者膝关节失稳、股四头肌肌腱病等引起。如果准备活动及开始运动后疼痛症状减轻，活动结束后症状又加重，多是由于膝关节周围肌腱病所致；准备活动及活动开始后疼痛症状未减轻，提示可能有结构器质性病变，减少或停止运动后疼痛依然存在，则需到专科医院诊治。

髌骨疼痛综合征和髌腱病的典型症状是下楼、下蹲痛，驾车、刹车痛，长时间坐痛。主要原因与关节周围的肌肉力量不足有关。在专业人员指导下，进行相关肌群的力量练习，具有一定疗效。

膝关节失稳有急性损伤史，多是膝关节前十字韧带损伤所致，应及时到专科医院诊治。

生长痛是儿童青少年膝部胫骨粗隆、胫骨上端骨骺区引起的疼痛。多是劳损和受伤所致，如踢足球、滑冰、轮滑过多或相关部位扭伤等。90%

患者的症状会自行消失。防治方法为停止导致生长痛的运动方式，改选游泳等膝关节负荷较轻的运动。

四、颈肩及下腰慢性疼痛

颈肩及下腰慢性疼痛常见于有颈腰椎间盘变性和突出的人群。确切地讲这种疼痛不是由于运动引起的，恰恰相反，与静坐过多、缺乏运动的不良生活方式有关。这类人群中广泛存在着脊柱关节的退行性病变，脊柱肌肉韧带退化可能不伴有任何症状，但在运动或工作中过度前屈或后伸脊柱、突然的扭转发力都可能诱发椎间盘突出或膨出，进而出现疼麻、无力等症状。一旦出现颈肩及下腰慢性疼痛，可采取以下措施：

（1）出现严重颈肩或腰背疼痛时，到医院做影像检查，确诊脊柱各部位是否有变性或损伤。

（2）急性期停止运动、限制活动。

（3）到正规医院进行专业治疗，不要盲目进行颈腰部位按摩。

（4）康复期在专业人员指导下进行相关部位肌肉力量练习，对于防治颈肩及下腰慢性疼痛具有积极作用。

在专业人员指导下进行康复训练见下图。

背式燕飞　　　　仰卧起坐

保护脊柱徒手操：脊柱前后肌群及韧带训练图

保护脊柱球操：脊柱周围肌肉及韧带训练图

第三节　心血管系统运动伤害预防

一、 心血管系统运动伤害

体育运动对提高人体各器官的机能水平具有良好作用。但在从事体育锻炼过程中也存在着发生心、脑血管系统伤害的风险。心血管系统运动伤害包括运动中发生心绞痛、心肌梗死等。其最严重的后果是运动性猝死。运动导致的心、脑血管事件发生率很低。然而，一旦发生将造成严重后果。因此，加强心血管系统运动伤害的预防具有重要意义。

二、心血管系统运动伤害发生原因

（一）原有潜在疾病

大部分发病者患有动脉瘤或心血管结构异常等器质性病变。当体育活动量增加了心血管功能的需求时，以致原有潜在疾病加剧，从而导致伤害事故发生。

（二）运动负荷过大

体育活动时，运动强度过大，引起体内代谢加强，血中儿茶酚胺水平升高，心肌需氧量增加，心肌缺血、缺氧等。当运动负荷超过心血管系统的承受能力时，发生心血管系统运动伤害。

（三）运动中过于兴奋

情绪激动可引起血液中儿茶酚胺水平升高，激发冠状动脉痉挛。在剧烈的体育比赛中，强烈的求胜欲和表现欲使兴奋性增强，儿茶酚胺水平升高；运动中大脑过于兴奋状态，可以使机体的疲劳感和疼痛感受到抑制，以致诱发心血管事件。

三、心血管系统运动伤害预防

运动中可能出现心血管意外伤害，但不能为此就不参加体育锻炼。事实上，只要我们做好相应的预防措施，科学地制定并执行运动健身方案，是可以预防心、脑血管系统运动伤害的发生。本书第二章第四节根据是否患有心血管、肺脏和代谢性疾病，有无疑似症状体征，心血管危险因素的多少将体育锻炼人群分成低度危险、中度危险和高度危险三个层次，对不同程度心血管风险人群可以采用不同的预防措施。

（一）低度风险人群预防措施

对于心血管系统运动伤害低风险人群或没有心脏疾病症状的人群，可采取运动前运动能力测试与评估、普及科学健身知识等措施，预防心血管系统运动伤害事故的发生。

体育锻炼者可以根据第二章介绍的方法，进行心血管伤害因素排查，如果属于低风险，在参加一般的体育锻炼时，发生心血管意外伤害的概率极低，可不进行专门的医学检查。但在进行大强度体育活动，或大众参加体育比赛前，则应进行心血管病筛查和健康体检，避免那些不具备健康要求的人参加体育比赛。

（二）中、高度风险人群的预防措施

对于心血管系统运动伤害中、高风险人群，以及已确定患有冠心病或其他心脏异常的人群，则应在医生的指导下从事体育活动。并且要加强自我医务监督，通过自我保健、适量运动来减少危险因素。运动过程中要特别重视胸闷、气促、心慌、心痛、恶心及极度疲劳感等发病前兆，如出现上述症状时，应及时停止运动并立即去医院就诊。

（三）心血管系统运动伤害的紧急处理

如果运动中一旦发生心血管意外事故，要及时进行救治，以防发生猝死。大多数情况下，体育活动现场没有专业医务人员，因此，大众应了解心肺复苏的基本常识，学习和掌握简单的心肺复苏方法，以便应急时使用。在实施抢救的同时，应拨叫120，由医务人员救治。

第四节　其他运动伤害防治

一、运动性晕厥

运动性晕厥是指在运动中或运动后由于脑组织一时性血供不足或血液中化学物质变化引起的突发性、短暂性意识丧失、肌张力消失并伴随跌倒的现象。

（一）运动性晕厥分类

1. 单纯性晕厥

又称血管减压性晕厥，其发生率占各类运动性晕厥的首位。情绪波

动、精神刺激或竞赛伤痛等因素可通过迷走神经反射诱发短暂的血管扩张，使回心血量及心排血量减少、血压下降，脑供血不足，导致晕厥。通常多见于体质较弱或不经常参加体育活动者，以女性多见。

在伤病恢复期、过度疲劳以及突然进行剧烈运动时，可能发生此类晕厥。发作前可能出现的症状包括眩晕、出汗、恶心、面色苍白、肢体发软等，上述症状持续数十秒后出现晕厥，数十秒或数分钟后可自行苏醒。体检前期血压降低，脉搏快而细弱，数十秒后逐渐恢复正常，无器质性疾病，无后遗症状。

2. 重力性休克

当进行以下肢为主的剧烈运动后骤停，会使大量血液滞留在下肢血管中，回心血量不足导致脑供血不足，引发晕厥。多见于田径或长距离自行车项目。发作前可能出现的症状包括头昏眼花、无力、恶心、面色苍白、四肢发冷，严重者可晕倒。

3. 直立性低血压

由水平位突然变为直立位时，肌肉收缩、舒张活动所产生的“挤压”作用减弱，血管调节功能障碍，可导致血液滞留于下肢血管，出现一过性脑缺血。多发生在游泳比赛后，或从较热的水池中起立，无前驱症状。

（二）运动性晕厥预防

预防运动性晕厥的措施包括：

（1）坚持系统的体育锻炼、避免过度疲劳、过度紧张。

（2）在体育锻炼初期，不要参加强度较大的剧烈运动，待身体机能和运动能力明显提高后，再参加剧烈运动和比赛。

（3）疾病恢复期和年龄较大者，参加运动时必须遵循循序渐进原则。

（4）避免在夏季高温、高湿或无风条件下进行长时间运动。

（5）长时间运动时要及时补充糖、盐和水分。

（6）大强度跑步不要骤停，应继续慢跑一段并做深呼吸。

（7）参加体育比赛要定期进行身体检查，对有晕厥史的体育活动者应查明原因，避免再次晕厥。学习掌握简单处理运动中发生晕厥的知识与技术。

（三）运动性晕厥现场处理

体育活动过程中，一旦出现运动性晕厥，应迅速判断晕厥原因并进行针对性救治。晕厥者采取仰卧、下肢抬高位，以增加脑血流量，同时松解衣领及裤带，将头转向一侧。观察是否有呼吸改变、两侧瞳孔大小不等体征，判断是否需要马上进入人工呼吸或心脏按压程序。如果仅仅是晕厥，可以指压或针刺人中、涌泉、合谷等穴位或嗅氨水，必要时给予吸氧。如果属于运动性晕厥，接受上述治疗后一般均可缓解。

二、运动性中暑

在常温状态下，剧烈运动时身体产生热量可达基础代谢产生热量的10倍以上。皮肤通过辐射、蒸发和对流等方式进行散热。当气温升高＞25℃时，体表与环境温度差缩小，增加了散热难度。运动性中暑是在高温、高湿环境下运动导致体温调节、汗腺分泌功能障碍和水电解丢失过多为特征的疾病。

（一）运动性中暑的症状

中暑发生前，可有头痛、眩晕和全身疲劳等前驱症状。临床上可分为热痉挛、热衰竭和热射病。

（1）热痉挛。早期出现痛性肌肉痉挛，多见于腓肠肌和腹部肌肉，持续短时自行缓解，可能与低钠性脱水或过度换气有关。

（2）热衰竭。是热痉挛的继续和发展。可出现疲乏无力、眩晕加重，恶心、呕吐，多汗、体温升高和脱水体征。继续发展而成为热射病。

（3）热射病。可出现高热、行为改变，神志不清、昏迷等严重后果。常因肝、肾、心等多器官急性衰竭的致命性而死亡。

（二）运动性中暑预防

（1）炎热季节加强防暑卫生宣传。出现中暑先驱症状，及时处理。

（2）合理训练。避免在炎热的时段和闷热的环境中运动。

（3）衣着宽松透气。避免紧身不透气的服装。

（4）饮用防暑饮料。补充水分和含有钠、钾、镁、钙盐的饮料。

（三）运动性中暑的处理

（1）在高温、高湿环境中体育锻炼，一旦出现热痉挛等症状，应迅速转移到通风阴凉处休息；饮用含钠、钾、镁、钙盐的饮料；服用十滴水、人丹等。

（2）降温处理。首先，采用体外降温，脱去衣服，用冰或凉水擦拭皮肤至血管扩张，促进散热；其次，快扇（电风扇、衣服等）全身，让水蒸发迅速降体温；第三，在头部、颈部、腋窝、腹股沟大血管处放置冰袋或冰块以降温。严重者要及时送往医院抢救。

三、运动性哮喘

运动性哮喘即在剧烈运动后诱发的哮喘，又称运动诱发性哮喘。发病机制尚未完全明了，可能与运动过程过度换气，使气道黏膜丢失水分和热量，导致支气管痉挛有关。

（一）运动性哮喘症状

运动性哮喘多发生在剧烈运动停止后1～10分钟。主要症状为胸闷、气短、吸气短呼气延长呈呼气性呼吸困难、哮喘状态。肺部可闻明显哮鸣音。哮喘常在30～60分钟内自行缓解。

（二）运动性哮喘防治

运动性哮喘防治的防治目标，最起码应当保持正常活动的能力，包括体育运动。不要因运动诱发哮喘而停止参加一切体育活动。可以避开诱发自身哮喘的运动方式，在适宜的运动环境中进行适度的运动。运动前准备活动可减轻运动性哮喘的发作。运动时避免或减少干冷空气的吸入，不要在一天过早或过晚的时段运动。

治疗不仅靠使用支气管扩张剂如短效β_2激动剂、沙丁胺醇气雾剂或者特布他林气雾剂，而且必须联合应用抗炎剂。并认真记录好病人日记，作为定期评估病情和治疗效果的重要参考。

第七章 运动健身常识与误区

第一节　运动健身常识

一、运动健身的时段

一天中选择什么时间运动效果最好，是体育锻炼者十分关注的问题。目前尚没有明确的科学定论。可以选择自己喜欢和习惯的时间运动，当然还要在你允许的时间里运动。因为选择什么时间运动并不重要，只要运动，就比不运动好；只要科学运动，就能安全有效。

（一）早晨运动

许多人喜欢选择早晨运动健身。人体经过一晚上充足的睡眠，身体得到充分休息，早上的体力和精力都比较充沛；同时，因为清晨空气质量好，运动健身效果明显。但在早晨运动时，运动强度不要太大，这是因为清晨刚起来，身体机能并未处于最佳状态，需要有一个适应期。因此，不太适宜接受大强度运动刺激。另外，在早晨运动时，多为空腹运动，强度过大、时间过长的运动可能会出现低血糖症状。因此，在早晨运动时，可以选择一些中小强度的有氧运动，如健身走、慢节律健身操等，也可以进行太极拳、气功等中国传统运动健身方式。

晨练的运动负荷要小

（二）上午运动

一些中老年人常选择这个时间段进行运动，但上午真正用于体育活动的有效时间并不长，因为早饭后1小时内、午饭前1小时内一般不安排运动健身，以免影响胃肠的消化、吸收。如果要进行大强度运动，则应该在早饭后2小时，显然，在这个时间不宜安排大强度运动，可以进行中小强度运动。

（三）下午运动

下午是较为理想的运动时段。上班族和学生多选择下午作为体育锻炼时间，因为这段时间相对较长，体育锻炼者可以选择自己喜欢的运动方式，进行各种强度的体育锻炼。运动后，特别是剧烈运动后，不要马上用晚餐，运动与用餐时间至少有1小时的间隔，运动后切不可暴饮暴食。

小知识

下午运动时要注意空气质量。我国中、小以上城市，一般到下午时的空气质量较差，一些工业城市及由于汽车尾气造成的空气污染比较严重，因此，在下午运动时，要尽量选择空气质量相对较好的场所进行。

（四）傍晚运动

晚饭后选择一些中小强度运动，可取得较好的健身效果，运动后洗澡休息，还有利于睡眠。晚上运动结束至上床休息的间隔时间至少在1小时以上。晚上不宜进行剧烈运动，因为晚饭后、睡眠前都不适宜安排剧烈运动。晚饭后剧烈运动，会影响胃肠道的消化、吸收，而睡前进行剧烈运动和比赛后，机体处于相对兴奋的状态，会直接影响入睡时间和睡眠质量。

二、运动健身的服装

在运动健身时，穿合适的运动服装非常重要。不同的运动方式对运动服装有不同的要求。选择合适的运动服装不仅有助于运动技能的发挥，提高运动效果，而且可以预防运动伤害的发生。

（一）选择合适的运动鞋

运动鞋要“专业”，即在选择运动鞋时要考虑运动项目特点，许多运动项目都有自己的“专业”运动鞋，如跑步鞋、网球鞋、篮球鞋、足球鞋、高尔夫球鞋等，这些“专业”运动鞋符合运动专项特点，运动效果好。如果没有运动项目要求，则可以选择跑步鞋或一般运动鞋。

选择舒适的运动鞋

选择运动鞋时，一定要试穿，以确定鞋的大小、松紧度。穿上运动袜试鞋，要感到舒服，做一些行走和跳跃等动作，感受运动时是否舒适。

运动鞋最好是布面或皮革面，这样有助于透气、排汗，尽量不要选择橡胶（塑料）运动鞋，因为透气性差。运动鞋不要太重，过重的运动鞋会增加额外的运动负担。

（二）运动服装要舒适

运动服要相对宽松，这样会使身体在运动过程中感到舒服，同时有利于血液循环，确保运动器官的氧气供给和代谢产物排除。有些青少年喜欢在运动时穿一些紧身运动服，这固然可以使身体显得健美，但在长时间重复性运动时，紧身运动服可能会导致皮肤摩擦伤。

运动过程中要及时更换服装。人体运动时排汗量增加，要及时脱去外衣。运动后，要更换被汗水浸透的服装；天气较凉时，运动后要增加服装。因此，参加体育活动时，最好多穿或多带一些备用服装，以便及时增减。

要选择透气的运动服装。运动服装要透气，这样有利于运动时热的散失。我们在运动场上经常看到一些俊男靓女穿着不通风运动服装，以便增加排汗量，通过出汗减肥。如果这些人是为了参加有体重控制的比赛项目而不得已通过排汗减体重，是可行的。如果要通过这种方式减肥则大错特错了，这样不仅不能达到减肥的效果，而且容易引起脱水、中暑等运动伤害。

最好选择专业运动袜。运动袜相对厚一些，有利于脚汗的吸收。厚袜子可以缓冲运动中产生的震动，同时可以减少摩擦伤等运动伤害。

三、运动健身与气温

气候是影响体育健身效果的重要因素。在天气过热或过冷的环境下进行体育锻炼，要遵循科学健身原则，防治运动伤害出现。

热气候对运动健身有很大影响。因为人体运动时体温上升，身体通过排汗等方式散热，以保持热平衡。在热气候条件下运动，热天气本身就会引起排汗增多，加上身体运动，排汗进一步增多，会造成汗液流失过多和体内水盐代谢失调。在潮湿、闷热的环境中运动，会影响人体的排汗，可能会引起中暑。对于没有锻炼习惯，或体质较弱的人，在闷热天气，最好不要进行体育锻炼，或避免剧烈运动。

如果体质好，又有运动习惯，愿意在热天气进行体育锻炼，则要注意以下问题：

（1）逐渐增加运动负荷。在热天气运动时，要做好充分的准备活动，开始时的运动强度不要太大，要使身体适应热环境后，再逐渐增加运动强度和运动负荷。

（2）运动时间不要过长。在热环境运动时，体温上升明显，排汗量增多，长时间运动可导致体内水分丢失增多，甚至脱水。机体水的丢失可阻止热量散失、降低心血管功能及运动能力。因此，在热环境的运动时间不要过长，在热环境的持续运动不要超过45分钟，或者不要超过自己习惯运动时间的2/3。

（3）运动中要补水。热环境运动要及时补充水分，最好定时补水，不要等到口渴时再补，补水时要少量多次。运动中补水至少有两个作用：一是及时补充由于排汗造成的水丢失，保持水平衡；二是通过补充水可以增加运动中的排汗，达到降低体温的作用。运动中的具体补水方法见第五章运动健身的营养需要。

冷环境对运动也有一定影响。在冷环境中运动时最容易出现的问题是肌肉拉伤和体温过低。人体在冷环境中运动，由于体温过低，肌肉黏滞性大，运动中出现肌肉或韧带等软组织拉伤的可能性增加。在冷环境下运动时，由于体温过低，则可能导致感冒、运动中哮喘等。

在冷环境中运动的另一个严重问题是冻伤。在冷环境中运动时，冻伤早期并无明显的疼痛感，因而增加了冻伤的可能性。因此，建议不要在冷环境，特别是有冷风的环境中运动。

如果坚持在冷环境中运动，则应注意以下问题：

（1）穿合适的运动服装。在冷环境中运动，多穿几层相对薄的运动服，这样有利于运动时皮肤蒸发散热时潮气的散失，特别是贴身穿的服装，最好是穿丝织或羊毛类内衣，有利于潮气向外的传导。相反，棉织类服装，穿在身上感觉很舒适，但由于它吸收潮气，但并不能使潮气尽快散失，而是贴在皮肤上，容易引起身体热量丢失，加重体温过低现象。最外层服装要尽量挡风，如合成纤维的服装挡风性比较好。

（2）做好充分的准备活动。冷环境下肌肉温度低，黏滞性大，因此，运动前的准备活动时间要相对长一些，以减小肌肉拉伤的可能性。

（3）控制运动时间。道理很简单，运动时间越长，冷环境对身体的刺激作用越大，越容易出现各种伤害事故。

四、运动健身与空气质量

随着我国工业化进程加快，特别是我国汽车业的发展，我国大中城市的汽车数量激增，造成部分地区空气质量下降，空气污染已经成为体育锻炼中不能回避的问题。

影响控制质量的主要污染物有可吸入颗粒、二氧化硫、氮氧化物和一氧化碳等。

可吸入颗粒物是指悬浮在空气中，空气动力学当量直径≤10微米的颗粒物，由化石燃料（包括煤、石油、天然气等）燃烧时产生，主要来源是汽车尾气和相关工厂。颗粒污染对肺通气、肺组织和心血管功能均产生不良影响。

二氧化硫是一种常见的大气污染物，是一种无色有刺激性的气体。二氧化硫主要来源于含硫燃料（如煤和石油）的燃烧、含硫矿石（特别是含硫较多的有色金属矿石）的冶炼、化工、炼油和硫酸厂等的生产过程。高浓度二氧化硫能刺激人的呼吸道，使人呼吸困难，对哮喘病人呼吸功能的影响更为明显。

氮氧化物种类很多，但主要是一氧化氮和二氧化氮，是常见的大气污染物。氮氧化物来自化石燃料的燃烧过程，如汽车、飞机、内燃机的燃烧过程；也来自生产、使用硝酸的过程，如氮肥厂、有色及黑色金属冶炼厂等。氮氧化物可刺激肺部，使人易患感冒之类的呼吸系统疾病。

一氧化碳是煤、石油等含碳物质不完全燃烧的产物，是一种无色、无臭、无刺激性的有毒气体。主要来自柴油、汽油、煤和木头的燃烧，特别是来自吸烟，包括主动吸烟和被动吸烟。人体吸入的一氧化碳在体内与血红蛋白结合，可降低人体的最大摄氧量，直接影响氧气的运输，并增加心脏负担。由于一氧化碳与血红蛋白的结合可持续数小时，所以人体不仅不能在高一氧化碳浓度下运动，即使运动前在高一氧化碳环境中，也不适于参加体育活动。

空气污染物可通过增加呼吸道阻力、影响机体氧气运输能力。在高污染环境下运动不仅会影响运动效果，而且有害于健康。人体在污染环境下运动对身体的影响程度取决于污染物浓度、在污染环境的持续时间，在运动过程中由于呼吸交换率增高，吸入的污染物将增加，对身体的危害性更大。因此，人们应该尽量避免在空气质量差的环境运动。

空气质量用空气质量指数评价。0~50为优，可进行正常活动和体育锻炼；51~100为良，可进行正常活动和体育锻炼；101~200为轻度污染，正常人群有刺激症状，仍可进行体育活动；体质较弱的人、有心肺疾病的人应减少体育活动；201~300为中度污染，正常健康人群普遍有反应，应减少或限制体育活动，体质较弱和有心肺疾病的人群应停止体育活动；300以上为重度污染，对人体健康有明显影响，一般人应停止体育活动。

选择空气质量好的环境运动

在现代生活中，人们在进行体育锻炼时，要充分考虑到空气质量对健身效果和身体健康的影响，安排体育锻炼时应做到以下几点：

（1）体育锻炼者每天都要收听天气预报，不要在超过中度污染的环境中运动，高血压等心血管疾病患者则应在空气质量更好的环境中运动。

（2）运动时远离可能带来污染的区域，如吸烟区、化工厂、交通拥挤地段等。

（3）在交通高峰期（上午7~10点，下午4~7点），不要在马路附近运动。

（4）运动前不要在污染区滞留，因为即使离开污染环境后，污染物对人体的不良影响不会立即消失，同样会影响运动效果。

五、吸烟与运动

吸烟有害健康，已是众所周知的事实。吸烟可以导致包括冠心病、慢性阻塞性肺疾病、脑血管疾病、糖尿病、生育能力受损、急性呼吸系统疾病等多种疾病。据报道，全球每年因吸烟死亡约500万人，每6秒钟就有一人因吸烟而死亡。经常吸烟者中大约有30%～50%的人因吸烟而死亡，吸烟者比非吸烟者要早逝15年。我国是世界上最大的烟草生产国和消费国，我国现有吸烟人数超过3亿，约占全球吸烟者的1/3，每年死于吸烟相关疾病的人数约为100万。

被动吸烟对人体健康的危害正日益受到关注，已成为重要的公共卫生问题和社会问题。我国约有5亿多人口受到被动吸烟的危害，与吸烟者相比，被动吸烟者吸入的烟雾中致癌和有毒化学物质的浓度更高。被动吸烟对人群健康危害严重，每年死于被动吸烟的人数超过10万。

体育锻炼可增强体质，提高人体的心肺功能，使能量利用节省化，提高工作效率。但在吸烟环境中运动危害很大，运动场所的烟雾直接损害锻炼者健康。人体在污染环境中运动容易引起机体的炎性反应，增加疾病易感性。主要表现为：

（1）由于运动时呼吸方式由鼻—咽呼吸模式，过渡为鼻—咽与口—咽混合呼吸模式，会减弱鼻腔对空气的过滤功能，使人体吸入更多的有害气体，危害健康。

（2）运动时呼吸频率加快，呼吸程度加深，通气量明显增加，健康人安静时通气量一般为6~8升/分，而运动时可以增加至120~130 升/分。在吸烟环境下运动，会将更多的有害物质吸入体内。

（3）运动时人体对氧的需求增加，氧气的交换使流经肺部血液的氧气分压降低，且血液中儿茶酚胺含量增加，开放的肺毛细血管增多，呼吸表面积增大，增加了组织气体交换。这样使得更多的有害气体通过血液循环进入人体各组织，加重了烟对人体的危害。

为了本人和他人的健康，请不要在运动环境中吸烟。

第二节　运动健身常见误区

一、体重越轻越好

这种观念是错误的。

以瘦为美、瘦代表时尚是现代很多人的观点，特别是很多女孩，有时身材很匀称，甚至已经偏瘦了，还是要减肥。科学的观念是提倡健康体重，既不是越瘦越好，也不是越胖越好。关于体重，我们应该从三个方面理解：其一，肥胖有害健康；其二，减肥是要减去体内多余的脂肪；第三，体重过低也对健康有害。

目前人们普遍认识到了肥胖的健康危害。这是因为人体内过多的脂肪（肥胖）可引起人体的生理和心理上的一系列变化，带来许多健康危害。科学研究已经证实，超重肥胖可增加患高血压、脑卒中、心脏病、癌症

（如乳腺癌和子宫内膜癌）、糖尿病等慢性病的风险；肥胖者更易患骨关节病、脂肪肝、胆石症、痛风、内分泌紊乱。同时由于肥胖影响到体型，也带来心理的压力，产生自卑，引起心理障碍。对于处于生长发育期的儿童青少年，还会影响其第二性征的发育。因此要通过健康的生活方式保持健康的体重，如果超重或肥胖则要减肥，而减肥主要是指减去体内多余的脂肪。

但同时也应该知道，脂肪组织是人体必需的成分，有很多重要的生理功能。脂肪的作用主要有：保护和固定器官；皮下脂肪有保温作用；供给必需脂肪酸；携带脂溶性维生素并促进其吸收利用。对于青春发育阶段的女孩来讲，尤为重要，如果体内脂肪积累不足体重的17%时，就很难形成月经初潮，不利于生殖系统的发育及功能的完善；同时对于育龄妇女体内一定的脂肪含量也是必须的。因此，不能简单地认为脂肪含量越少越好，而是应该保持在正常范围内。

体重过低同样影响成年人体质，带来健康的危害，体重过低与免疫力低下、月经不调或闭经、骨质疏松、贫血、抑郁等病症有关；孕妇体重过低还影响宝宝的健康；体重过低也会影响未成年人身体和智力的发育。

二、减肥就是降体重

人们往往把降体重和减肥混为一谈，这种认识是不准确的。

减肥是指减去身体多余的脂肪；而降体重可能是脂肪的减少，也可能是身体瘦体重的减轻，后者不是科学的减肥方法。

人体体重包括了50%～60%的水分、15%～30%的脂肪和15%～30%的肌肉和骨骼。女性体脂控制在25%以下为宜，如果低于10%～12%，可能出现月经紊乱、缺铁性贫血和免疫力降低等一系列问题。

因此，在决定是否要减肥之前，首先测量身体成分，特别关注体脂百分比，如果体脂百分比超过了正常的范围，则要通过运动加饮食控制的方法来降体重，减少体内的脂肪含量；如果体脂百分比并不高，即使体重大，也不必减肥。这是因为肌肉等瘦体重较大，是身体机能好的表现。

三、不吃主食就能减肥

这种观点是片面的。

主食是指谷类及薯类。谷类包括米、面和杂粮；薯类包括马铃薯（土豆、洋芋）、甘薯（红薯、白薯、山芋、地瓜）、芋头和山药等。这类食物主要为我们提供碳水化合物、蛋白质、膳食纤维及B族维生素，是我国传统膳食中能量的主要来源。

随着我国经济的发展，居民膳食结构发生了很大变化，主食减少了，而脂肪和蛋白质的摄入比例相应增大。特别是一些控制体重（减肥）的人更是把主食的摄入当成大敌，认为减肥就是要不吃主食，这是个误区，并且会带来健康的危害。

其一，如果脂肪和蛋白质提供的热量过高，而碳水化合物提供的热量过低，对慢性病的预防不利。碳水化合物是人体不可缺少的营养物质，进入人体后能够很快产生能量，也是红细胞唯一可利用的能量，是神经系统、心脏和肌肉活动的主要能源，对构成机体组织、维持器官系统的正常功能、增强耐力等都起到重要作用。可能很多人受到由美国人阿特金斯提出的低碳水化合物减肥理论的影响，选择不吃主食减肥的方法，而这种理论目前已经证明是误导，这种方法在开始阶段是可以很快地减轻体重，主要原因是加快了体内水分的流失，而以后这种膳食减少体内脂肪的作用与其他低能量膳食并没有区别。而且，这种减肥膳食有明显的副作用，可导致口臭、易腹泻、疲劳和肌肉痉挛，并且长期后果则是增大了患心血管病的风险。阿特金斯本人也死于心血管疾病。

其二，碳水化合物不是血糖的唯一来源，脂肪、蛋白质等非糖类物质在人体内经过糖异生，也可转化成血糖。不论是碳水化合物还是蛋白质和脂肪，摄入过多，都会在体内变成脂肪储存起来。来自碳水化合物的能量在体内更易被利用，而来自脂肪的能量更易转变为脂肪在体内储存。

四、跑步游泳是有氧运动、力量练习是无氧运动

很多人以为跑步、游泳就是有氧运动，而力量练习、球类运动就是无氧运动，其实这种观点是错误的。

有氧运动、无氧运动的区分不在于运动的形式，而在于运动时的能量代谢方式，从能量代谢的角度讲有氧运动主要是指运动时人体的能量供应以有氧代谢的方式进行，此时，人体吸入的氧气可以满足机体对氧气的需要量，氧气的供应达到了供需平衡。表现和衡量以运动强度为标志。同样是跑，如果跑的速度慢，运动强度属于中小强度，此时机体的供能以氧代

谢的形式，就是有氧运动；而跑速快，如100米、200米短距离的比赛（全速跑）就是无氧运动，此时的机体供能主要以ATP、CP无氧糖酵解为主。其他的运动方式，如球类、力量练习都如此，当运动强度小，以有氧代谢的方式供能就是有氧运动。

运动强度越大，无氧运动比例越高

所以，我们不能根据运动的方式简单地归纳有氧运动与无氧运动，而是根据运动强度，同一种运动方式，强度大，激烈就可能是无氧运动，而强度小，运动比较舒缓就是有氧运动。

五、游泳是一种理想的运动健身方式，人人适宜

游泳是一项非常好的健身方法，由于其对心肺功能的良好健身效果，水的浮力有助于防止运动损伤等优势，广泛采用。但是也有一些不适宜的情况，主要从以下几方面考虑：

一是不适宜游泳的人群。主要是指心脏病、肺气肿、癫痫病患者，有耳聋眩晕等病症的人，游泳会加大心脏负担。心脏病患者如果要从事游泳运动要听取医生的意见；肺气肿（老慢支）等肺功能不全的患者，游泳也会增大危险性，因为水的压力会增加胸腹的压力，胸廓的扩张和横膈的升降都可能增加难度，致使肺功能障碍加重，出现呼吸困难和缺氧，发生头晕、眼花等症状。而对于癫痫患者，如果游泳时癫痫发作，则很危险，出现抽筋、昏迷、失去自救和呼救能力。内耳病变的患者不宜游泳是因为，内耳是人体重要的平衡器官，在水中运动对平衡能力要求很高，平衡能力差极易发生危险；另外，慢性化脓性中耳炎患者也不宜游泳。游泳时水会

灌进耳道，水将细菌带入了耳道，可引发病情加重。有些人对寒冷很敏感，甚至出现过敏现象，游泳时受到寒冷刺激严重时会出现头晕、心悸、呼吸急促，甚至昏迷等。

二是不适合游泳的特殊时期。感冒发烧等疾病的急性期、女性月经期等，有传染性疾病的人，如体癣、足癣、沙眼等病的患者，以及患霉菌性阴道炎、滴虫性阴道炎的妇女。游泳时病菌散播到水里面可传染给别人。

三是酒后不适合游泳。有些人酒足饭饱之后去游泳也是不可取的。饮酒后大脑皮质呈现抑制状态，使人动作失调，游泳时容易发生危险；而且，酒后体温升高，一冷一热容易引发感冒等疾病；吃得很饱后游泳，会使胃肠道供血不足，消化液分泌减少，久而久之，会引起消化不良、胃痛等疾病。

六、运动强度越大越好

体育锻炼要因人而异。运动强度要根据每个人的锻炼目的、体质状况和运动习惯而定。既不是运动强度越大越好，也不是运动强度越小越好（科学控制运动强度的方法见本书第三章第三节）。

运动量过小达不到锻炼目的，运动量过大易引起过度紧张和过度疲劳，反而带来对健康的危害。过度紧张往往在一次大强度的训练或者比赛后即刻或短时间内发生，此时，运动的负荷超出了机体的耐受能力，会出现一系列反应，对于平时没有锻炼习惯、运动能力和体质水平较差的人，尤其有高血压、冠心病等慢性病的人，都要特别注意循序渐进的原则不能忘。另一方面，一次大强度、大运动量的锻炼还易引起运动损伤。没有锻炼习惯的人，肌肉力量较弱，反应能力、协调性等较差，对身体的控制能力相对弱，耐力水平也比较差，因此运动强度过大或者运动量过大时就容易出现肌肉拉伤、关节肌肉扭伤，或者比较严重的肌肉酸痛。

七、运动后抽烟可以促进身体恢复

很多烟民在学习、工作累了之后，通过吸烟解乏提神，将同样的做法也移植到运动健身，认为运动健身后吸支烟可以消除疲劳，促进身体恢复，这种观点是非常错误的。

人体运动后心肺功能活动依然较强，心率增快、呼吸加深加快，这个时候吸烟，通过呼吸道吸入有害物质的力度大大加强，损害气道上皮细胞，引起支气管平滑肌收缩，气流受限，最终导致气道不可逆性的阻力增加，更易诱发慢性阻塞性肺疾病。

运动后血液循环较快，导致肺部和全身组织吸收有害物质增多，这些物质会大量进入人体，无疑会给人体机能和组织带来比平时吸烟大得多的伤害；运动后机体组织处于缺氧状态，运动者立即吸烟，烟雾中的尼古丁又增加心脏做功，使心脏耗氧量增大，导致心肌缺氧加重，且尼古丁可使冠状动脉血管收缩，增加心脏冠状动脉粥样硬化和心肌梗死的发病率。

烟雾中的一氧化碳吸入机体后，与氧气竞争血红蛋白，减少氧和血红蛋白含量，使机体重要组织器官缺氧加重，引起冠心病的发生。特别是一些有高血压、糖尿病、脑血管病、呼吸道疾病的慢性病运动者，运动后立即吸烟会诱发或加重疾病。

八、运动引起扭伤马上揉捏或者热敷

这种做法是错误的。正确的方法是：冷敷、加压包扎、制动、抬高患肢。

很多人在发生了急性闭合性软组织损伤后马上就开始热敷，并且采取按摩推拿等方法，试图减缓症状，殊不知起到相反的作用，这样做加重了受伤部位的出血，如果盲目活动还会造成关节习惯性扭伤、关节囊、韧带松弛，继发关节病变。

发生运动损伤首先检查有无合并伤，有无肌肉断裂、脑震荡、内脏破裂等严重情况。如果有，要先处理合并伤，如果确定只是急性软组织损伤后，首先要采取一些止血、减轻水肿和镇痛的措施，通常要在发生后的48小时内进行冷敷、加压包扎、制动、抬高患肢。制动是指一旦发生关节损伤应立即停止运动，并在急性期内（两周）用专门护具进行固定（见本书第六章）。

第三节　运动健身常见问题解答

一、家务劳动可以代替体育锻炼吗？

有些朋友，每天都要进行大量的家务劳动，如擦地、做饭、洗衣服

等，家务劳动也是体力活动，用家务劳动代替体育锻炼，不也可以取得同样的健身效果吗？答案是否定的。

家务劳动是身体活动的一部分，家务劳动本身的确可以消耗一定的能量，从增加能量消耗、控制体重的角度有积极的意义，而且，有些家务，例如拖地、园艺等的活动强度也比较大，能够使身体得到一定的锻炼。但是，家务劳动却不能代替体育锻炼，首先，家务劳动一般比较单调重复，无法达到全面锻炼身体的效果，从心理层面也无法取得体育锻炼的愉悦感；其次，家务劳动一般活动强度比较小，不能满足锻炼身体的需求；而家务劳动如果过于繁重，则会增加身体的局部负担。

在从事家务劳动的同时积极锻炼身体，是最佳的选择。在体育锻炼的时候，注意有意识地锻炼平时没有用到的肌肉，也要注意进行伸展练习，使家务劳动中疲劳的部位得到舒缓放松，既全面发展，又预防疲劳堆积和退行性病变的发生。

同样从事体力劳动的人也应该注意参加体育锻炼，道理相同。

二、运动时能喝水吗？

这是运动健身中经常遇到的问题。有些人认为，运动中感到口渴，应当喝水，而另有一些人认为运动中不能喝水，因为运动中喝水会增加心脏和胃肠道负担，易造成运动中腹痛。那么，运动中到底能喝水吗？回答是肯定的。

水是生命之源。人体内水的含量占成年人体重的57%~70%，儿童可占80%以上。水在人体中具有止渴、稀释血液、散热、润滑、利尿、运送营养等功效。人体在运动时能量代谢增大（比安静时增加10~20倍），产生大量的热能，除用于肌肉活动外，还要产生大量的热，使体温升高。出汗蒸发是散热的主要方式，汗液中的主要成分是水。大量出汗会使机体脱水，因此运动中正确的补水是非常重要的。

长时间运动，特别是在夏天，或在湿热的环境中运动时，更要注意饮水。补水的最好方法是少量多次，运动中每15~20分钟饮水150~200毫升，每小时的总饮水量不超过600毫升，这样既可以保持体内水的平衡，又不致因为大量饮水增加心脏和胃肠的负担。也可以采用运动前饮水的方法，在运动前1小时补水300毫升。

运动后补水也要采取少量多次的方法。由于水分流失的同时，体液也在流失，体液包含钾、钙、钠、镁等电解质，也随之流失。因此也可以选择补充一些运动饮料（稍加盐的凉开水或低糖饮料也可）。但是饮料的含糖量不能过高，因为糖的浓度过高，会使饮料在胃中停留的时间过长，反而使水分不能及时进入体内。一般而言，夏天饮料糖的浓度不宜超过5%，最好在2.5%左右，冬天则可在5%~15%，这样可以使饮料通过胃较慢，可以较稳定地供应，保持体内的糖和水分的平衡。水的温度也不是越凉越好，以8~14℃为宜。另外，如果在早晨锻炼，由于人体经过一夜的睡眠，水分丢失，全身组织器官以及细胞处于相对缺水状态，因此在运动前要补水，但也不宜过多，150~200毫升即可。

如果运动时间较短，出汗量小，也可以在运动后慢慢补水。

三、走可以代替一切运动吗?

健步走的确是一种比较好的健身方法，因为其具有安全性较强、开展便利，以及运动强度易于掌握等优点，得到很多人，特别是中老年朋友的青睐，成为一种流行趋势。但是走路可以代替一切吗?

健身走

健身走是一种健康的运动方式，但走路不能代替其他运动方式，运动应当“全面发展”，提倡将有氧运动、柔韧练习、力量训练、平衡能力训练等各方面综合起来。对于中老年人也要注重力量训练，提高平衡能力，防止摔倒；对于青少年来说，健步走的运动形式比较单调，不易于坚持；过于单一运动不利于儿童青少年学习和掌握更多的运动技巧；强度过小，达不到增强儿童青少年心肺功能、骨骼肌肉的发展所需的强度，应变换各种健身方式，对现有运动强度进行补充。科学研究表明，对身体机能正常的人来说，在适当范围内，运动量大比运动量小好，运动强度大比运动强度小好。

四、运动时出汗越多，减肥效果越好吗?

运动中大量出汗后，会引起体重下降，在热环境下，持续运动30~40分钟，体重可以下降2千克左右。许多朋友问，运动时，出汗越多，减肥效果就越好吗?

这是一个认识上的误区。运动大量排汗导致的体重下降，是由于体液丢失所致，减掉的主要成分是水，而不是脂肪。

减肥是要减少体内的脂肪。减肥的关键在于人体摄入的和消耗的能量的平衡关系，当人体每天吸收的能量（主要通过摄入）大于每天的由各种身体活动消耗的能量时，多余的能量就会以身体脂肪的形式在人体中储存下来，久而久之，就会一点一点变胖。相反，如果想减肥，就要使每日消耗的能量大于摄入的热量，人体就会慢慢消耗已经积攒下来的脂肪，从而达到减肥的目的。而有些人认为运动后体重减轻，就是减肥了，殊不知运动后由于出汗多而引起的体重减轻只是暂时现象，经过补水，体重又会恢复正常。因为出汗减少的只是身体中的水分，而不是脂肪。事实上运动中大量出汗，如果不及时补充丢失的水分就会引起脱水，脱水可以使人体的生理机能和运动能力下降。当脱水占体重的2%时，机体的耐热能力降低，脱水4%时肌肉耐力降低；脱水4%~6%使肌肉的力量和耐力降低，严重的脱水可使体温过高和循环衰竭以致死亡。因此如果不及时补水对人体是有害的。

五、老年人可以练力量吗?

人体进入老年阶段后，身体各种机能开始下降，肌肉力量也明显下降。那么，老年人进行力量练习安全吗？老年人还可以练力量吗？答案是肯定的。

老年人可以进行力量练习

事实上，老年人也应该遵循全面发展的原则，有氧运动、力量练习、柔韧练习全面发展，也要注意平衡、灵活性的练习。只要科学地制定符合自身状态的运动健身方案，老年人照样可以练力量。

适当的力量练习对老年人的健康起到非常积极的作用。第一，肌肉力量训练可以提高老年人的日常生活能力；第二，肌力训练可以有效地防治骨质疏松和退行性病变；第三，力量练习是消耗能量、控制体重的有效方法之一。俗称人老先老腿，这是老年人的运动能力下降的明显标志，因此更要保持一定的力量练习，尽量减缓这一过程。同时柔韧性、平衡能力都是维持正常运动能力和防止跌倒所必需的，是保持老年人的独立生活能力、保证其生活质量的重要基础。所以，老年人可以进行适宜的力量练习，但要注意循序渐进和运动负荷适宜。

六、练力量会使女性体型粗壮吗?

肌肉力量是从事各种体育活动的基础，在日常生活中非常重要。男性、女性都应该进行力量练习，但女性练力量是否由于肌肉肥大，而使体型显得粗壮呢?

女性应该练力量，合理的力量练习并不会使体型粗壮，也不会从外观上看男性化。

合理的力量练习可以使女性更健美

首先，男女天生身体成分不同，肌肉所占体重不同，体型也就不同。肌肉发达程度的不同关键取决于体内的激素水平，男女内分泌系统存在巨大差异，促进肌肉发达的雄性激素和生长激素的水平男性远高于女性，由于女性激素的作用，不可能像男性一样肌肉发达。

其次，人的体型、身体成分受遗传的影响很大，并不是所有的人都能练成健美运动员，需要艰苦的训练，甚至辅助一些营养品才行。而普通的运动健身由于脂肪减少了，反而会更显得苗条。

最后，女性在进行力量练习时，只要遵循力量练习的原则（见本书第三章第二节），合理安排好力量负荷，配合柔韧性练习，会使肌肉更有力，更有弹性，看上去更舒展，人也更有活力。

七、感冒发烧后，坚持运动可以加快身体恢复吗？

体育锻炼可以提高人体的免疫功能，增强机体抗疾病能力，那么，感冒发烧后继续参加体育锻炼，不就可以使身体尽快恢复吗？答案是否定的。

持之以恒的体育锻炼确实可以提高人体的抗疾病能力，但这不意味着经常参加体育锻炼的人就不得病。在身体不适的时候，参加体育锻炼有助于身体康复更是一个误区。

人体生病时，机体的免疫系统、各器官系统的功能都处于特殊的状态，以感冒发烧为例，体温升高，身体的自身防御系统加紧工作，白细胞、T淋巴细胞等都动员起来，对抗侵入的致病微生物，从而加快身体康复，如果此时运动，由于运动使身体产生应急反应，身体的内分泌的相应变化反而抑制了机体的免疫反应，轻者可使恢复过程延长，严重时可加重病情。

在各种疾病急性发作期，一般都不要进行体育活动。

主要参考文献

[1] 国家体育总局. 国民体质测定评价标准（成年人部分）[M]. 北京：人民体育出版社，2003.

[2] 国家体育总局. 国民体质测定评价标准（幼儿部分）[M]. 北京：人民体育出版社，2003.

[3] 国家体育总局. 国民体质测定评价标准（老年人部分）[M]. 北京：人民体育出版社，2003.

[4] 田野，陆一帆，赵杰修，等. 成年人综合运动能力评价系统的研究与建立 [J]. 中国体育科技，2010（02）.

[5] 田野，陆一帆，赵杰修，等. 国民运动健身科学指导系统研究与建立 [J]. 体育科学，2010（02）.

[6] 中华人民共和国卫生部疾病控制司. 中国成人超重和肥胖症预防控制指南 [M]. 北京：人民卫生出版社，2006.

[7] Borg. G.. Borg's perceived exertion and pain scales [M]. Human Kinetics; First Edition, 1998.

[8] Brian J. Sharkey and Steven E. Gaskill. Fitness and health [M]. Sixth Edition. Human Kinetics, 2007.

[9] Edward T.Howley and B.Don Frank. Fitness professional's handbook [M]. Fifth Edition. Human Kinetics, 2007.

[10] Riva I. Rahl, Physical activity and health guidelines [M]. Human Kinetics, 2010.

[11] Thomas R. Baechle and Wayne L. Westcott, Fitness professional's guidelines to strength training older adults [M]. Human Kinetics, 2010.

[12] Brian J. Sharkey , Fitness Illustrated[M].. Human Kinetics, 2011.

[13] Charles B.Corbin and Ruth Lindsey, Fitness for life [M]. Human Kinetics,2007.

[14] Barbara Bushmam, Complete Guide to Fitness & Health[M].

Human Kinetics, 2011.

[15] 罗阿尔·贝尔，斯韦内·迈赫伦. 运动损伤临床指南 [M]. 高崇玄，译. 北京：人民体育出版社，2007.

[16] 曲绵域.实用运动医学. [M]. 第4版. 北京：北京大学医学出版社，2003.

[17] 美国运动医学学会 (ACSM). 运动测试与运动处方指南 [M]. 第8版. 王正珍，译. 北京：人民卫生出版社，2010.

[18] 励建安. 临床运动疗法学 [M]. 北京：华夏出版社，2005.

[19] 吴仙娟，王予彬. 青少年运动员运动损伤流行病学调查研究现状 [J].中国运动医学杂志,2008,27 (2).

[20] 周士枋，范振华. 实用康复医学 [M]. 南京：东南大学出版社,1998.

[21] 董晓红，郭海英. 实用运动处方 [M]. 杭州：浙江大学出版社,2008.

[22] 中国营养学会. 中国居民膳食指南 (2007). [M]. 拉萨：西藏出版社，2009.

[23] 中国高血压防治指南修订委员会. 中国高血压防治指南2005 [M]. 修订版. 北京：人民卫生出版社，2006.